WILLIGIS JÄGER

KONTEMPLATION – GOTTESBEGEGNUNG HEUTE

WILLIGIS JÄGER

Kontemplation Gottesbegegnung heute

DER WEG IN DIE ERFAHRUNG
NACH MEISTER ECKEHART UND DER
‚WOLKE DES NICHTWISSENS'

OTTO MÜLLER VERLAG SALZBURG

ISBN 3-7013-0634-6

Gesamtherstellung: Druckhaus Nonntal, Salzburg

INHALT

AUS DEM VORWORT DER „WOLKE DES NICHTWISSENS“

„Wer immer du sein magst, du besitzt dieses Buch und damit große Verantwortung. Ich stelle dir so strenge Bedingungen, wie sie mit der Liebe vereinbar sind. Gleich ob dir das Buch gehört, ob du es für jemanden aufbewahrst oder es dir geliehen hast: du hast kein Recht, es vorzulesen, darüber zu schreiben oder davon zu sprechen, noch anderen das zu erlauben, wenn du nicht sicher bist, daß der andere fest entschlossen ist, Christus ganz und gar zu folgen. Ich denke da an einen Mann, der über das normale christliche Leben hinaus entschlossen ist, Christus in die tiefsten Tiefen der Kontemplation zu folgen, soweit es mit Gottes Hilfe uns Menschen möglich ist. Prüfe genau, ob er über eine bestimmte Zeit den Forderungen des aktiven christlichen Lebens entsprochen hat, denn sonst ist er nicht in der Lage, den Inhalt dieses Buches zu verstehen.

Mehr noch, meine Liebe verlangt von dir, den andern zu warnen – wie ich dich warne –, das Buch anders als ganz zu lesen, wenn du es ihm zu lesen gibst. Es ist leicht möglich, daß einzelne Kapitel nicht für sich stehen können und der Erläuterung durch andere Kapitel bedürfen, um sie richtig zu verstehen. Ich fürchte, jemand liest nur den einen oder anderen Teil und gerät gleich auf Abwege. Um dies zu vermeiden, bitte ich dich und alle, die dieses Buch lesen, meinen Rat zu befolgen.

Ich wünsche sehr, daß kein gedankenloser Schwätzer, keine hochnäsigen Leute, Haarspalter, Ohrenbläser, ewig Beschäftigte und Kritikaster dieses Buch zu Gesicht bekommen. Für solche habe ich es nicht geschrieben und möchte, daß sie die Finger davon lassen. Das gleiche gilt auch für alle, die nur hinter dem Neuesten her sind, gleich ob sie gebildet sind oder nicht. Mögen sie sonst gute Leute sein im alltäglichen christlichen Leben. Aber dieses Buch entspricht nicht ihren Bedürfnissen.

Es gibt jedoch Menschen, die zwar mit beiden Füßen im tätigen Leben stehen, aber dennoch durch die Gnade darauf vorbereitet sind, dieses Buch und sein Anliegen zu verstehen."

(Kontemplative Meditation. Mainz 1974; Seite 47–48)

WAS IST KONTEMPLATION?

Das Wort „Kontemplation“ wird in der christlichen Literatur nicht einheitlich verwendet. Es kann das gleiche bezeichnen wie Meditation oder Betrachtung und meint dann ein Meditieren über etwas.
In den folgenden Ausführungen wird das Wort „Kontemplation“ nur verwendet, um eine christliche ungegenständliche Form des Betens zu bezeichnen. Das Wort meint also niemals ein Meditieren über einen Inhalt. Es bezeichnet vielmehr einen Zustand des Erfahrens jenseits der aktiven Kräfte unseres Tagesbewußtseins.
„Kontemplation“ kommt aus dem Lateinischen. Contemplari heißt „schauen“. Diese Grundbedeutung des Wortes wird in den folgenden Ausführungen verwendet. Ziel ist das Schauen ins eigene Selbst, Schauen des Göttlichen in uns und in der Schöpfung in der Form des Innewerdens oder Erfahrens jenseits unserer intellektuellen Fähigkeiten.
Kontemplation ist auf ihrem Höhepunkt mehr ein Zustand des Erleidens als des aktiven Tuns. Dieser Zustand kann im Grunde nicht gelehrt, sondern nur erweckt werden. Darum braucht Kontemplation wenigstens am Anfang den geistlichen Führer, von dem der Funke überspringen kann, um im Schüler den gleichen Brand zu entfachen. Die Anlage dazu ist allen Menschen angeboren.
Kontemplation wird der Darstellung wegen in vier Phasen eingeteilt, die sich in der Praxis überschneiden:

1. Gebetsübung als Weg in die Kontemplation
2. Wahrnehmung des eigenen Seins – Gebet der Ruhe
3. Erleuchtungserfahrung
4. Personalisierung der Erleuchtungserfahrung

Die ersten zwei Phasen lassen sich von jedem körperlich und psychisch gesunden Menschen übend erreichen. Sie führen an ihrem Zielpunkt zu einem Zustand großer Ruhe und tiefen Friedens. Im religiösen Bereich nennt man ihn „Gebet der Ruhe", das als schlichtes Sein in der Gegenwart Gottes erfahren wird. Es ist ein Zustand der Kontemplation. Der Mensch schaut in sein eigenes Sein. Er erfährt so Gott näher und tiefer als beim mündlichen und betrachtenden Gebet. Das „Gebet der Ruhe" hat gewöhnlich auch einen starken umstrukturierenden Effekt auf die Persönlichkeit. Doch handelt es sich hier noch nicht um einen mystischen Zustand im eigentlichen Sinn. Dieser tritt erst in den Phasen drei und vier ein. Der mystische Zustand widerfährt dem Menschen; er kann nicht willentlich herbeigeführt, sondern nur durch Gebetsübung vorbereitet werden.

Wer in diesen Raum eintreten darf, der erfährt noch einmal neu, was es heißt, Gott aus allen Kräften zu lieben. Gott selbst macht einem solchen Menschen eine neue Kraft zugänglich, aus der heraus er Gott lieben kann.

Wie bereits erwähnt, kommen die vier Schritte in der Praxis nicht isoliert vor. Sie überschneiden sich auch mit dem vorkontemplativen Gebetsleben des Christen. Daher soll mit diesen Ausführungen auch nichts überflüssig gemacht werden, was über das christliche Gebet und über Betrachtung geschrieben und gesagt worden ist. Normalerweise baut Kontemplation darauf auf. Es gibt jedoch auch Menschen, die ohne jede Vorbereitung in das kontemplative Gebet hineingezogen werden, und andere, die als Agnostiker diesen Weg beginnen und im Laufe der Zeit tiefste Erleuchtungserfahrungen machen. Gott sind keine Grenzen gesetzt.

Es sei darauf hingewiesen, daß es im folgenden nicht um ein theologisches Kompendium geht, sondern um Anleitung und Begleitung auf dem Weg des kontemplativen Gebetes. Elemente, die sich in den Schriften verschiedener Mystiker finden, werden aufgrund eigener Erfahrung zu Stationen eines Weges zusammengefügt. Dieser Weg ist auch gangbar für

Menschen, die ihre Bindung an eine bestimmte Religion gelöst haben. Gerade sie sollten versuchen, ihn zu gehen, weil er sie über Schwierigkeiten mit Glaubenslehren und Institutionen hinausführen kann. Auch der, der sich nicht mehr christlich verstehen kann, sollte sich von einem Versuch nicht abhalten lassen.

1. KAPITEL

DER WEG ÜBER KÖRPER UND ATEM

1. Das richtige Atmen

Atem und Denktätigkeit

Unser Bewußtsein ist wie das Meer, das nur an der Oberfläche von unruhigen Wellen bedeckt ist. Der größte Teil des Wassers ist ruhig und unbewegt. In der Gebetsübung geht es darum, diese Wellen des Bewußtseins zur Ruhe zu bringen, damit der Geist wie ein durchsichtiges, stehendes Wasser wird. Die Ruhe des Bewußtseins wird dann zum Tor zur Kontemplation. Da es nicht möglich ist, das Denken einfach auf Befehl hin einzustellen, bedient man sich des Atems, um die Grundvoraussetzung für die Kontemplation zu schaffen.

Der Atem spielt bei der Kräftigung der zur Kontemplation notwendigen Aufmerksamkeit und Konzentration eine entscheidende Rolle. Schon die alltägliche Erfahrung lehrt, daß ungeteilte Aufmerksamkeit besser mit angehaltenem Atem gelingt. So reagiert man zum Beispiel beim Einfädeln einer Nadel oder bei plötzlichem Erschrecken mit dem Anhalten des Atems. „Der Atem stockte ihm," sagt man, oder: „Es verschlug ihm den Atem."

Es ist experimentell nachweisbar, daß zwischen der Tätigkeit des Gehirns und der Bauchmuskulatur eine enge Verbindung besteht. Um Gefühle zum Ausdruck zu bringen, setzt man die Bauchmuskulatur in Bewegung, so zum Beispiel beim Lachen oder bei starkem Weinen. Umgekehrt führt daher richtige Bauchatmung zur Ruhe des Geistes durch die Beschwichtigung der Denktätigkeit, so wie zur Ruhe gekommener Wind zu stehender Luft wird. Im Laufe der Zeit erreicht man einen Zustand der Ruhe, der eine gewisse Eigenständigkeit besitzt und Eigengesetzlichkeit entwickelt. Wie ein Berg wird dieser Zustand erfahren, der fest in sich begründet steht. Zwar gibt es noch Gedanken, die kommen und gehen; aber sie sind wie den Berg umziehende Wolken. Man wird gewahr, daß die Mitte, das Eigentliche im Menschen, nicht diskursives Denken ist. Vielmehr stößt man auf einen Kern, auf eine Kraft, die als das eigentliche Selbst erfahren wird. Danach wird schließlich ein Punkt erreicht, wo es nur noch Erfahrung „ohne den Erfahrenden“ gibt, Wahrnehmung „ohne Wahrnehmenden“. Das heißt nicht, daß der Mensch besinnungslos wird; es ist nur die Form des „Schauens“, die damit gekennzeichnet werden soll.

Richtiges Atmen kann erlernt werden

Da richtiges Atmen der eigentliche Zugang zum Gebet der Ruhe und damit zu einem tiefen geistlichen Leben ist, müssen der Körper und seine Atemfunktion als sehr wichtig betrachtet werden. Im richtigen Atmen liegt eine Kraft verborgen, die geradezu ans Wunderbare grenzt. Dieses Kraftreservoir auszuschöpfen und zu nützen, gilt es zu erlernen. Es geht hier wirklich um ein Lernen, denn man meint nur, man atme richtig. In Wirklichkeit begnügt man sich mit einem Luftholen, das gerade zum Leben reicht. Richtiges Atmen und das Ruhigstellen des fluktuierenden Bewußtseins können wie das Violinspiel erlernt werden. Dieser Vergleich mag hinken, sagt aber Entscheidendes aus.
Aller Anfang ist bekanntlich schwer. Auch das Violinspielen lernt man nicht an einem Tag. Der Bogen kratzt und will nicht gehorchen. Violine, Arm, Körper, Bogen, Noten sind alles Teile, die sich nur schwer zu einem Ganzen zusammenfügen lassen. Erst durch unablässiges, jahrelanges Üben kommt es zu einer harmonischen Integration dieser Teile. Bogen, Arm, Violine, Körper sind dann zu einem Vorgang

verschmolzen, der Wohlklang hervorbringt. Der Spieler ist mit der Violine eins geworden.

Auf ähnliche Weise muß das rechte Atmen gelernt werden. Körperhaltung, Atem, Ruhigstellung des Bewußtseins müssen zu einem harmonischen Ganzen werden, wenn man in den eigentlichen Bereich der Kontemplation vordringen will. Das wiederum geschieht nur durch regelmäßiges, jahrelanges Üben. Verspricht jemand raschen Erfolg, sollte man ihm gegenüber so skeptisch sein wie zu einem, der verspricht, einen in kürzester Zeit zum Violinevirtuosen entwickeln zu können. Beharrlichkeit ist das Entscheidende. Aus diesem Grund sagt in der KLEINEN PHILOKALIE, einer Sammlung von Gebetsanweisungen östlicher Mönchsväter, Gregor der Sinait:

> „Trotz der Unbequemlichkeit bleibe beharrlich längere Zeit auf deinem Schemel sitzen, dann erst strecke dich auf deinem Lager aus, aber nur selten, so nebenbei, um dich zu entspannen. Du wirst geduldig sitzend ausharren . . .
> Aus Bequemlichkeit oder wegen des fühlbaren Schmerzes . . . darfst du nicht eilen, dich zu erheben.“[1]

Aufsteigender Gedanken wegen darf man sich nicht beunruhigen. Vielmehr fange man einfach aufs Neue an, seine ungeteilte Aufmerksamkeit dem Ein- und Ausfließen des Atems zu schenken, bis man mit diesem Vorgang ganz eins geworden ist.

Der Vorgang des richtigen Atmens

Die richtige Atmung ist die Bauchatmung. Man stellt sich vor, daß man die Luft tief in den Unterleib einatmet, jedoch ohne sie hineinzupressen. Man muß bestrebt sein, im untern Teil des Bauches Raum zu schaffen. Der Atem soll vor allem nach unten gelassen werden, damit es zu einer regelmäßigen

Ein- und Ausbewegung des Zwerchfelles kommt. Diese Bauchatmung ist ungefährlich und führt schließlich zum Erfolg. Dagegen gerät man durch das Anhalten der Luft und die dadurch verursachte Spannung in den oberen Teilen des Körpers unweigerlich in Schwierigkeiten. Der Brustteil sollte so ruhig wie möglich gehalten werden. Der leichte Druck im Unterleib, der durch die natürliche Spannung der Bauchdecke und durch das nach unten geschobene Zwerchfell entsteht, sollte erst zustande kommen, wenn etwa ein Drittel der Luft ausgeatmet worden ist. Es ist sonst schwierig, die Brust ruhig und entspannt zu halten.

Der wichtigste Teil des Atemvorganges ist das Ausatmen. Es dauert länger als das Einatmen, denn die Luft wird beim langsamen Ausströmen gebremst. Man sollte dabei jedoch nicht mit der Vorstellung des Atemanhaltens arbeiten. Ratsamer ist es, sich am Anfang vorzustellen, man habe eine Daunenfeder vor der Nase, deren Wegfliegen man verhindern möchte. Das hilft, die Kraft im Unterleib aufgestaut zu halten und so eine natürliche Spannung der Bauchdecke herbeizuführen. Durch leichten Druck des Zwerchfelles nach unten wird der Unterleib zu einer Zone, aus der die Luft wie durch eine kleine Öffnung nach außen strömt. Diese im Bauch vorhandene Spannung kontrolliert den Atem und dadurch Vorgänge im Gehirn und im Bewußtsein.

Wie oben schon erwähnt wurde, ist das richtige Atmen das Tor zur Kontemplation. Tatsächlich lernen aber die meisten Menschen erst nach jahrelanger Übung diese Form des Atmens. In den Ohren mancher Leute klingt das absurd, und doch zeigt die Erfahrung, daß das so ist. Der Atem wird im Lauf der Zeit so ruhig, daß in der ganzen Atemmuskulatur kaum noch eine Bewegung registriert werden kann. Der Körper begnügt sich mit zwei bis drei Atemzügen pro Minute. Man spürt nicht mehr, daß man atmet. Stille und Friede herrschen in Körper und Geist. Dieser Zustand ist eine große Hilfe bei der Kontemplation und wird zur Quelle einer spirituellen Kraft.

Die spirituellen Meister des Ostens sind nicht die einzigen, die um das Geheimnis der Macht des Atems wissen. Auch die alten Mönchsväter der Thebais und Syriens sprechen auf verschiedene Weise in ihren Gebetsanweisungen davon, daß der Weg zum Gebet der Ruhe und der Gotteserfahrung mehr über die Beobachtung des Atems als über ein Training des Intellekts führt. Um Novizen zur Ruhe des Bewußtseins und zum Erwachen des Geistes zu führen, schreibt zum Beispiel Gregor von Thessalonich:

> „. . . wenn wir wirklich innere Menschen und echte Mönche werden wollen, müssen wir notwendigerweise unseren Geist im Innern des Körpers gesammelt halten. Es ist also keineswegs falsch, die Novizen anzuhalten, auf sich selbst zu achten und ihren Geist zugleich mit dem Atem auf sich selbst zu richten.
> Es ist doch eine Tatsache, daß bei denen, die zum ersten Male den geistlichen Kampfplatz betreten, der Geist nicht so sehr gesammelt als zerstreut ist und daß es einer gewaltigen Kraft bedarf, um seinen Widerstand zu brechen. Daher empfiehlt man ihnen, die Atmung zu beherrschen, indem sie die eingeatmete Luft ein wenig anhalten und während dieser Zeit den Geist binden.
> Das Ein- und Ausatmen führt ganz allmählich zur Einkehr des Geistes in sich selbst.“[2]

Gregor der Sinait gibt ähnliche Anweisungen über das Beherrschen des Atems als Mittel zur Beruhigung des Geistes, wenn er schreibt:

> „Beherrsche das Atmen der Lunge so, daß sie nicht nach Belieben atmet. Das ungestüme Atmen, das wie ein Sturm über das Herz kommt, verdunkelt den Geist und beunruhigt die Seele.

> Soweit du kannst, halte deinen Atem zurück, schließe ihn fest in dein Herz und übe ohne Unterbrechung das Jesusgebet."[3]

Dem Christen ist also das Ausrichten des ganzen Menschen auf Gott hin durch Körperhaltung, Atembeherrschung und die dadurch herbeigeführte Sammlung des Geistes durchaus nicht fremd. Erst wenn das diskursive Denken durch Atemkontrolle zum Stillstand gebracht worden ist, kann der erstrebte Zustand der Ruhe eintreten.

Der Alltag als Übungsfeld

Die zur Kontemplation notwendige Form der Atmung kann immer und überall mit Nutzen geübt werden, denn sie erleichtert sowohl körperliche als auch geistige Arbeit. Im Grunde genommen braucht nur das aktiviert zu werden, was bei der Handarbeit oft spontan eintritt, nämlich ein Sammeln der Kraft im Unterleib durch den Atem. Kleinkinder, sowie auch mit Schaufeln und Heben beschäftigte Schwerarbeiter, tun das meist ganz spontan und unbewußt.
Auch beim Sport spielt das Kräftesammeln durch den Atem eine große Rolle, sei es nun beim Bergsteigen, Schwimmen, Schießen oder Skifahren. Es sei jedoch nochmals darauf hingewiesen, daß es in den meisten Fällen jahrelanger Übung bedarf, bis sich die Atemführung bei der Kontemplation einspielt und ihre Früchte zu zeitigen beginnt.

2. Körperhaltung

Meditieren läßt sich ohne Zweifel in jeder Körperhaltung, also auch auf dem Stuhle sitzend. Es zeigt sich jedoch, daß ein gutes Sitzen der Kontemplation sehr dienlich ist.

Am einfachsten und bequemsten ist es, am Anfang ein Meditationsbänkchen zu benützen. Man kniet sich auf den Boden nieder, stellt das Bänkchen über die Waden und setzt sich darauf. Die Knie sollten etwas geöffnet bleiben.
Der Fersensitz ist eine andere meditative Sitzweise. Um den Fersen das volle Körpergewicht abzunehmen, kann man ein Kissen unter die Sitzhöcker schieben.
Der Sitz mit gekreuzten Beinen ist die traditionelle Weise des meditativen Sitzens im Osten. Man setzt sich auf ein gut gestopftes, 6 bis 12 cm hohes Kissen und legt die Beine abgewinkelt auf die Oberschenkel.
Welche Sitzweise man auch immer als passend für sich selbst wählen mag, es ist wichtig, dabei folgende Punkte zu beachten:

1. Knie und Sitzhöcker müssen ein Dreieck bilden, das dem Körper einen festen Halt gibt.
2. Becken und Lendenwirbel werden nach vorn geschoben, damit der Bauch frei heraustreten kann.
3. Die Wirbelsäule wird aufrecht gehalten, d. h. sie nimmt dabei ihre natürliche, leichte S-Krümmung an.
4. Der Nacken ist breit und nach hinten geschoben. Das Kinn wird etwas angezogen.
5. Die Schultern sind locker, fallen aber nicht nach vorn.
6. Die Hände ruhen im Schoß. Die eine Hand umschließt leicht den Daumen der anderen Hand. Man kann die Hände auch auf den Knien ruhen lassen.
7. Die Augen sind in der Entfernung von etwa einem Meter auf den Boden gerichtet, ohne einen Gegenstand zu fixieren. Sie sind stets halb geöffnet zu halten, da geschlossene Augen oft Störungen verursachen.
8. Die Zunge liegt entspannt in dem stets geschlossenen Mund.

Der richtige Sitz gleicht dem Fundament eines Gebäudes. Daher ist der Sitz auf dem Schemel besser als der Sitz auf dem Stuhl, und der Bodensitz ist dem Sitz auf dem Schemel vorzuziehen. Bei längeren Gebetsübungen verlangt nämlich das Sitzen auf einem Stuhl weit mehr Kraft und Aufmerksamkeit als das Sitzen auf dem Boden.
Wie das richtige Atmen so wird auch das richtige Sitzen nur im Laufe der Zeit gelernt. Man wird am Anfang viel Geduld mit sich selbst üben müssen, da die Muskulatur und die Gelenke sich nur langsam lockern. Es ist ratsam, den Verspannungen im ganzen Körper nachzugehen und durch regelmäßige Leibesübungen zu lockern. Viele der Anleitungen, die sich in jedem guten Yogabuch finden lassen, können zu gutem Sitzen verhelfen. Wichtig ist, daß man einen Sitz findet, in dem man sich ruhig zwanzig Minuten der Gebetsübung hingeben kann.
Die griechischen Mönchsväter wußten, daß die Ruhe des Leibes sich auf die Ruhe des Geistes auswirkt. So schreibt z. B. Gregor von Thessalonich:

> „... sie (die Gottversenkten) unterdrücken nach Möglichkeit jede Bewegung und wechselnde Handlung.“[4]

Johannes von der Leiter zitierend, sagt er an anderer Stelle:

> „... der Gottversenkte ist ein Mensch, der sich bemüht, das Unkörperliche im Körperlichen einzufangen.“[5]

Wer die auf Erfahrung gründenden Weisungen der alten Mönchsväter in die Tat umsetzt, wird durch Geduld und Beharrlichkeit auch zur Kontemplation gelangen.

3. Sammlung des Bewusstseins

Das Leitwort

Neben richtiger Atmung und Körperhaltung führt das Wiederholen des Leitwortes den Übenden zur wesenseigenen Sammlung der Kontemplation. Den Übungsweg des Leitwortes verdanken wir einem anonymen englischen Mystiker aus dem 14. Jahrhundert, dessen Anweisungen in einem Buch mit dem Titel DIE WOLKE DES NICHTWISSENS zusammengefaßt sind.[6] Die Anleitungen sind zur Einführung eines jungen Menschen in die Kontemplation gedacht. Später hat der gleiche Verfasser ergänzende Briefe geschrieben, die bei uns in gesammelter Form unter dem Titel DER WEG DES SCHWEIGENS bekannt sind.[7]

Auf dem kontemplativen Weg, der in diesen zwei Schriften aufgezeigt wird, geht es sowohl um das Ausblenden aller Sinneswahrnehmungen als auch um das Ausschalten der gesamten aktiven Verstandestätigkeit, der Vorstellungskraft und aller Willensimpulse, denn deren Schweigen ist Voraussetzung für die Erfahrung des Göttlichen in uns. Die notwendige Entleerung des Bewußtseins wird zunächst durch die Vereinheitlichung desselben angestrebt. In seinen Anleitungen empfiehlt daher der Verfasser, zu diesem Zweck ein kurzes Wort zu wiederholen:

> „Willst du deine ganze Sehnsucht in ein *Wort* fassen, das du leicht behalten kannst, ziehe ein kurzes Wort einem langen vor. Am besten ist ein ganz kurzes Wort, wie ‚Gott' oder ‚Liebe'. Wähle dir aber eines, das dich anspricht. Nimm dieses Wort so tief in dich hinein, daß es nicht verklingt, was auch kommen mag. Im Kampf wie in der Ruhe wird es deine Waffe sein. Benütze es, um in die Wolke des Dunkels über dir zu stoßen. Alle Zerstreuungen wehre damit ab und bringe sie unter die *Wolke des Vergessens.*"[8]

Die Praxis hat gezeigt, daß sich kurze Worte mit dunklen Vokalen und weichen Konsonanten besser eignen als andere. „God“ und „love“, die englischen Worte für „Gott“ und „Liebe“, eignen sich besser als deren deutsche Äquivalente. In der deutschen Sprache haben sich daher andere Leitworte gut bewährt, z. B. Jesus, Christus oder Christos, Abba, Logos, Amen oder Ja. Einige wählen den eigenen Namen, andere Laute wie O, U, A. Lang gedehnt bekunden sie in sich ein Staunen vor etwas, das unbekannt ist. Mit „Oooh“ und „Aaah“ reagiert man auf etwas Großartiges oder Überraschendes (Vgl. EB I und EB II). Man könnte das, ins Religiöse übertragen, einen staunenden Urlaut nennen, der ganz offen ist für die Erfahrung des Göttlichen in der kontemplativen Übung. Angelus Silesius meinte diese Art des Gebetes, als er schrieb: „Die Menschen plappern viel. Wer geistlich weiß zu beten, der kann mit A und O getrost vor Gott hin treten.“ Ähnliches wird von Bruder Masseo, einem frühen Nachfolger des heiligen Franziskus, berichtet:

> „Oft, wenn Bruder Masseo betete, stieß er einen Laut des Jubels aus, uh, uh, uh, wie ein Täuberich, und mit heiterer Miene und frohen Herzens verweilte er so in seinen Betrachtungen, und, weil er so sehr demütig geworden war, hielt er sich für den geringsten aller Menschen auf Erden.
>
> Als Bruder Jakob von Fallerone ihn einmal fragte, warum er stets in gleicher Weise jubiliere, antwortete er voller Freude, wenn man in einer Sache alles Glück gefunden habe, schwinde das Bedürfnis, die Weise zu ändern.“[8a]

Das Leitwort sollte unter Konsultation mit einem in dieser Form des Betens erfahrenen religiösen Führer ausgesucht werden. Hat man sich einmal für ein bestimmtes Wort entschieden, sollte man es nicht mehr wechseln. Es begleitet einen dann bis zur Todesstunde. Bei der Gebetsübung muß das Leitwort das Bewußtsein total ausfüllen. Nichts anderes darf

neben ihm noch Platz haben. Kein Gedanke, keine Vorstellung sollte von einem Besitz ergreifen.
Das Leitwort wird so zu einem persönlichen Wort, auch dann, wenn viele andere es ebenfalls benützen. Es muß der „Logos", das „Verbum" werden, durch das Gott alles erschaffen hat (Joh 1,1). Mit diesem Wort wird das unfaßbar Göttliche bezeichnet und zugleich alles, was existiert. Mit diesem Wort oder Laut gilt es eins zu werden (Vgl. EB II,1). Dieses Wort, das während des ruhigen Sitzens in der kontemplativen Übung innerlich ausgesprochen wird, behält seine Wirkung auch durch den Alltag. Es ist, als hätte man die Saite eines Instrumentes in Schwingung gebracht: sie fährt fort zu schwingen und zu tönen, auch dann, wenn man aufgehört hat, sie anzuschlagen (Vgl. EB I,4 und EB II,1). Was die Gebetsübung mit dem Wort wirklich vermag, zeigt der Erfahrungsbericht VII.
Das Leitwort darf bei der Gebetsübung niemals zum Gegenstand des Nachdenkens gemacht werden. In der WOLKE DES NICHTWISSENS rät der Verfasser ausdrücklich:

> „Sollte dein Verstand anfangen, dieses Wort zu zerlegen, dann erinnere dich, daß es nur als Ganzes für dich einen Wert hat. Befolge meinen Rat, und ich versichere dir, die Gedanken werden dich bald in Ruhe lassen . . ."[9]
> „Es genügt jetzt, deine Aufmerksamkeit auf ein einziges Wort zu richten . . . Doch ergründe es nicht. Versuche die Wirklichkeit, für die das Wort steht, auf dich wirken zu lassen. Laß keinen noch so klugen Gedanken zu, der dieses Wort ergründen möchte. Gehe auch seinen verschiedenen Bedeutungen nicht nach . . . Ich bin sicher, daß das Nachdenken der kontemplativen Übung hinderlich ist."[10]

Es ist also nicht richtig, sich auf den Sinn und Inhalt des Wortes zu konzentrieren. Vielmehr besteht die Rolle des

Leitwortes bei der kontemplativen Übung darin, als kontinuierlicher Kristallisationspunkt des Bewußtseins zu dienen. Man sammelt sein Bewußtsein in diesem Wort.

Leitwort und Atem

Das Leitwort entfaltet seine wirkliche Kraft, wenn es mit dem Atem verbunden wird. Man spricht das Wort beim Ausatmen innerlich aus und dehnt dabei den letzten Vokal so lange wie der Atem reicht. Wer allein meditiert, kann das Wort auch für eine kurze Zeit singen. Es setzt dann die Rippen des Brustkorbes in Schwingung, verhindert Verkrampfungen und wirkt sich positiv auf die Drüsen in Hals und Kopf aus. Der Blutkreislauf, und besonders die Hypophyse, die für die Steuerung der anderen Drüsen des Endokrinsystems verantwortlich ist, werden angeregt. Beim lauten Üben kann man auch kontrollieren, ob der Atemvorgang wirklich entspannt ist. Bei Verkrampfungen fließt der Ton nicht regelmäßig.

Der tragende Ton wird durch die natürliche Spannung im Unterleib erzielt, von der im ersten Teil dieses Kapitels die Rede war. Nach kurzer Zeit sollte man zum Üben mit geschlossenem Mund übergehen, aber dabei fortfahren, das Leitwort innerlich zu singen. Die anzuwendende Atmungsweise bleibt dieselbe.

Das Üben mit dem Leitwort in Verbindung mit der Bauchatmung hat als Ziel, das Außenbewußtsein so zu absorbieren, daß man dabei alles, einschließlich sich selbst, vergißt. Es kommt darauf an, durch beharrliche Praxis selbst zu diesem Vorgang, ja, zum Leitwort zu werden. Ist die Verstandestätigkeit einmal zum Stillstand gebracht, füllt sich das Bewußtsein mit einer diffusen Aufmerksamkeit. Was erfahren wird, ist mit dem Wind vergleichbar, der unter günstigen Bedingungen zu stehender Luft geworden ist. So kommt durch die Übung mit dem Leitwort der bewegte Strom der Gedan-

ken zum Stillstand. Eine klare, reine Aufmerksamkeit wird immer vorherrschender.
Die Übung erscheint leicht und unkompliziert, und doch hat die Praxis erwiesen, daß man sie ohne die Führung eines erfahrenen Lehrers kaum erlernen kann. So wird auch keiner ein Virtuose im Violinspiel ohne qualifizierte Anleitung. Zum Erlernen der Kontemplation bedarf es daher eines erfahrenen Führers, besonders wenn man sich der Übung intensiv widmen möchte.

Ausblendung des aktiven Tagesbewußtseins

Wie bereits erwähnt, müssen bei der kontemplativen Übung Verstand, Vorstellungskraft und Willensimpulse zum Stillstand gebracht werden. Solange das nicht gelingt, kann man die Tätigkeit des Übenden nicht mit Kontemplation bezeichnen. Da es aber nicht leicht ist, Verstand und Vorstellungskraft zum Schweigen zu bringen, muß man sie gleichsam indirekt überlisten. Das geschieht durch die oben geschilderte Übung. Allerdings sind wir als Europäer des 20. Jahrhunderts schwer davon zu überzeugen, daß es eine nicht-intellektuelle, ungegenständliche Form des Gebetes gibt. Es seien daher noch einmal Mystiker zitiert, die darauf hinweisen, daß die Verstandestätigkeit unbedingt eingestellt werden muß, wenn man durch die Kontemplation zu einer Gotteserfahrung kommen will.
Zunächst sei dem Schreiber der WOLKE DES NICHTWISSENS noch einmal das Wort gegeben:

> „Genau so ist es falsch für jemanden, der sich in der kontemplativen Übung müht, in das Dunkel der *Wolke des Nichtwissens* einzudringen, Gedanken über Gott, seine wunderbaren Gaben, seine Menschenfreundlichkeit und seine Werke zuzulassen. Diese Gedanken stören seine Aufmerksamkeit, die einzig

auf Gott gerichtet sein sollte ... Darum sage ich dir: Weise jeden Gedanken ab, mag er noch so tief und klar, noch so gut und wertvoll in sich sein. Bedecke ihn mit einer dichten *Wolke des Vergessens* ...
Weise also alle Gedanken und Bilder ab, die während der kontemplativen Übung auftauchen. Sie werden kommen! Wirst du nicht Herr über sie, so werden sie ganz sicher Herr über dich ... Weise darum alle Gedanken und Vorstellungen entschieden ab, mögen sie noch so gut und vielversprechend sein."[11]

An anderer Stelle gibt er wiederum den dringlichen Rat:

„Sei also um Gottes willen vorsichtig auf diesem Weg, und quäle dich nicht ab, weder mit Nachdenken noch mit Vorstellungen, denn trotz aller Mühe wirst du damit deinem Ziel nicht näherkommen. Lasse alle Sinne und Verstand ruhen.
Ich sprach von ‚Dunkel' und ‚Wolke' ... Wenn ich von Dunkel spreche, so meine ich, daß keinerlei bewußtes Erkennen vorhanden ist ...
Ich rate dir also, in diese Wolke einzutreten und dich dort zu Hause zu fühlen und mit der Übung der schweigenden Hingabe der Liebe zu beginnen."[12]

Stellen ähnlicher Art kann man bei anderen Mystikern nachlesen. Johannes vom Kreuz schreibt z. B. in EMPOR DEN KARMELBERG:

„Mit all diesen Wahrnehmungen und bildhaften Visionen und irgendwelchen anderen Formen und Vorstellungen, wie sie sich unter Bildern oder Einzelerkenntnissen darbieten mögen ... darf sich der Verstand nicht belasten, noch sich von ihnen nähren, auch darf die Seele sie weder zulassen noch festhalten wollen."[13]

Neben der Verstandestätigkeit müssen alle Bilder und Erinnerungen, überhaupt die gesamte Einbildungskraft von der Wolke des Vergessens bedeckt werden. Johannes vom Kreuz bestätigt das mit folgenden Worten:

> „Der *innere, körperliche Sinn,* nämlich die *Einbildungskraft,* sowie *Phantasie* ... müssen aller Formen und bildhaften Wahrnehmungen entleert werden, die ihnen auf natürlichem Wege zukommen können. Es ist nachweisbar unmöglich, daß die Seele zur Vereinigung mit Gott gelangt, ehe Einbildungskraft und Phantasie nicht ihre Tätigkeit einstellen; denn sie können nicht das geeignete ... Mittel zu dieser Vereinigung sein.“[14]

Theresia von Avila bezeichnet den Verstand, der zu begreifen versucht, was über seine Kräfte hinausgeht, als närrisch. Wörtlich sagt sie:

> „Die Ursache also, weshalb der Verstand sich hier bescheidet oder zur Bescheidenheit genötigt wird, liegt in der Einsicht, daß er nicht verstehen kann, was er verstehen möchte. Und darum bewegt er sich wie närrisch hin und her, ohne irgendwo zu verweilen.“[15]

Ähnliches lehrt der Benediktiner Augustine Baker, der im 17. Jahrhundert Seelen auf dem mystischen Weg führte:

> „Diese Seelen fühlen sich angetrieben, Gott innerlich zu suchen und infolgedessen nach zwei Dingen zu streben. Erstens nach der Einfachheit der Seele selbst, einer Entblößung von allen geschaffenen Bildern, die allein sie fähig macht zur unmittelbaren Vereinigung mit der göttlichen Einfachheit. Zweitens nach der Einfachheit der reinen Gottheit, losgelöst von allen Körpern oder geschaffenen Bildern. Daher kann die

Seele auch keinerlei verstandesmäßige Erwägungen zulassen, denn diese müssen aus sinnlichen Vorstellungen bestehen; oder wenn sie sie zuläßt, dann nur als Stufen, auf denen sie nicht lange verweilt, sondern über die sie zur Gottheit fortschreitet, die leer ist von Bildern. In der Tat wird diese ihre Neigung der Seele nicht einmal erlauben, bei dem edelsten Bilde, das je geschaffen wurde, stehenzubleiben, nämlich dem Abbild Gottes in der Menschheit unseres Erlösers. In manchen Fällen ist die Seele sogar gänzlich unfähig, das Bild der Menschheit des Heilandes auch nur als Stufe auf dem Weg zur göttlichen Einfachheit zu benutzen . . .

So geschieht es, daß Seelen mit dieser starken Neigung zum innerlichen Leben manchmal weder die Betrachtung der Menschheit unseres Erlösers lieben und sich dabei aufhalten, noch Gebete zu den Heiligen verrichten, noch ausdrücklich der Toten gedenken, noch anderen besonderen Übungen sich widmen, die notwendigerweise den Gebrauch körperlicher Bilder voraussetzen. Eine Seele, die durch die Übung der Einfachheit einen gewissen geistlichen Zustand erreicht hat, wird alle solche Übungen vielleicht am Anfang ihres Weges als Hilfe brauchen, aber sie wird nicht bei ihnen verweilen, sondern die gerufenen Bilder alsbald überwinden und in die einfache Gottheit eintreten. Das meinte ja auch unser Erlöser, als er sagte: ‚Wenn ich nicht von euch gehe, kann der Tröster nicht kommen‘ (Joh 16,7). ‚Ich‘ war seine körperliche Menschheit, ‚der Tröster‘ der Heilige Geist, die einfache Gottheit, die erst dann vollkommen besessen und genossen werden konnte, als alle körperlichen Bilder verschwunden waren.

So ist für die Seelen, für die alle anderen, besonders die sinnlichen Dinge zu eng und ungeeignet sind, die Gottheit der unendliche, tiefe Mittelpunkt oder Ru-

> heplatz. Die Gottheit ist das angemessene, weite Element, in dem die Seele Leben, und zwar unendliches Leben, finden kann. Außerhalb dieses Elementes ist sie wie ein Wal, der in einem Bach gestrandet ist: das große Geschöpf hat keinen Platz, zu schwimmen und zu tauchen. Daher sehnt es sich beständig nach dem Ozean, der wegen seiner Tiefe und Weite fähig ist, es selbst und Millionen anderer aufzunehmen. Hier stoßen diese ungeheuren Kreaturen auf keinen Grund, können schwimmen, soviel sie wollen, und laufen keinerlei Gefahr; denn hier sind sie in ihrem Element, in ihrem eigensten Reich. So sehnt sich die beschauliche Seele kraft ihrer Neigung ständig nach ihrem Mittelpunkt und Element ... Sie dürstet nach der unendlichen Weite Gottes, die allein sie befriedigen und in der allein sie sich sicher fühlen kann."[16]

Als letzter sei Meister Eckehart hier angeführt, der niemals müde wird, von der Notwendigkeit des Abschaltens aller Tätigkeit des Verstandes und der Vorstellungskraft zu reden, wenn es zu einer „Gottesgeburt in der Seele" kommen soll. In Form von Frage und Antwort geht er z. B. in seiner Predigt „Et cum factus esset Jesus annorum duodecim" auf diesen Punkt ein:

> „Darum erhebt sich für uns ... folgende Frage: Ob der Mensch diese Geburt wohl finden könne durch gewisse Dinge, die wohl göttlich, aber doch von außen durch die Sinne eingebracht sind, wie gewisse Vorstellungen von Gott ...
>
> Ob man mit allem dem wohl diese Geburt finden könne? Wahrlich nein! Denn, wiewohl es alles gut und göttlich sein mag, so ist es doch alles von außen durch die Sinne hereingetragen; es muß aber einzig und allein *von innen* herauf aus Gott herausquellen, wenn diese Geburt eigentlich und lauter dort leuchten

soll, und dein ganzes Wirken muß zum Erliegen kommen, und alle Kräfte müssen dem *Seinen* dienen, nicht dem *Deinen.* Soll dies Werk vollkommen sein, so muß Gott allein es wirken, und du mußt es lediglich erleiden.

... Du darfst nicht wähnen, daß deine Vernunft dazu aufwachsen könne, daß du Gott zu erkennen vermöchtest.

... So vermag aller *Kreaturen* Wissen noch *deine eigene* Weisheit noch *dein gesamtes* Wissen dich nicht dahin zu bringen, daß du Gott auf *göttliche* Weise zu wissen vermöchtest. Willst du Gott auf *göttliche* Weise wissen, so muß dein Wissen zu einem reinen Unwissen und einem Vergessen deiner selbst und aller Kreaturen werden."[17]

Diese Texte sind verwirrend, weil man sich immer wieder mit der Tatsache der Unfähigkeit konfrontiert sieht, die Wogen der Verstandestätigkeit und der Vorstellungskraft wirksam einzudämmen. Weiterkommen wird nur der, der sich der Gebetsübung wirklich hingibt. Rechtes Sitzen und rechtes Atmen verbunden mit der Wiederholung des Leitwortes werden jeden, der sich diesem Weg anvertraut, in die Tiefe des eigenen Bewußtseins führen.

Liebe und Hingabe als Hilfen auf dem Weg

Liebe und Hingabe sind wichtige Hilfen auf dem Weg in die spirituelle Tiefe. Sie tragen nicht nur zur Bewußtseinssammlung bei, sondern vermögen den kontemplativen Menschen ganz auf das Letzte auszurichten. So wie das Verlangen nach Wasser sich im Durstigen bei jeder Beschäftigung fortwährend ins Bewußtsein drängt, so führen Liebe und Hingabe manche Menschen direkt in eine Gotteserfahrung. Allen aber, die sich der Kontemplation hingeben, werden sie Kraft

und Motivation auf den Trockenstrecken spenden, die jeder auf dem Weg in die Tiefe zu überwinden hat.
Die Liebe drängt ferner den Menschen, alles loszulassen, denn diese innere Freiheit ist die Voraussetzung zur Einswerdung mit Gott. Um der Liebe willen vergißt er schließlich auch sich selbst, und so wird er, selbst Hingabe werdend, eins mit Gott. In Eckeharts Worten: Der Mensch läßt Gott in sich selbst Gott sein. Gott ist dann Gott in ihm.[18] Alle Phänomene dieser Welt werden dann relativ. Sie haben ihre Existenz in Gott, und außerhalb Gottes haben sie keine Existenz. Alles, was zurückgelassen werden mußte, wird nun neu als Manifestation der Liebe gefunden, die Gott für den Menschen hegt. Es ist daher ganz natürlich, daß die WOLKE immer wieder auf Liebe und Hingabe zurückkommt:

> „. . . in der echten kontemplativen Übung mußt du all das lassen und mit der *Wolke des Vergessens* bedekken. Laß nur noch deine liebende Sehnsucht ruhig und gelassen, mutig und froh emporsteigen, um das Dunkel über dir zu durchdringen. Durchstoße diese dichte *Wolke des Nichtwissens* mit dem Speer deiner liebenden Sehnsucht. Laß nicht nach, mag kommen was will.“[19]

An anderer Stelle versichert der gleiche Schreiber, daß nur in Verbindung mit Liebe und Hingabe Methoden einen Wert haben:

> „Die Erfahrung wird dich viel überzeugender lehren, was ich dir mit Worten zu erklären versuchte: Mit Techniken und Methoden ist die kontemplative Liebe nicht zu erreichen. Es nützt nichts, mit ihnen bewaffnet an die Übung zu gehen. Alle guten Methoden und Hilfen erwachsen aus dieser kontemplativen Liebe. Sie selbst aber ist unabhängig von ihnen.“[20]

2. KAPITEL

WAHRNEHMUNG DES EIGENEN SEINS

1. BLICK IN DAS EIGENE SEIN

Die Erfahrung des Seins muß im allgemeinen teuer erkauft werden. Mit einer hastigen, betriebsamen Übungstechnik allein wird sie sicher nicht erreicht. Doch wird die Gebetsübung helfen, in einen Zustand der Ruhe und des Lassenkönnens zu kommen. Die aktiven Kräfte des Ego können sich dann beruhigen, und tiefere Schichten des Bewußtseins erwachen.

Das Egobewußtsein bewirkt die Kontinuität im zeitlichen Wechsel und vermittelt den Eindruck von Individualität.

Das Ego gleicht einem kleinen Rinnsal, das aus einem gewaltigen See herausfließt. Dieses Rinnsal ist begrenzt durch Ufer; es hat einen ganz individuellen Lauf. Es ist einmal eng und einmal weit, je nach der Landschaft. Es reagiert auf Widerstand und folgt dem Sog des Gefälles. Es bildet Strudel, staut sich, schießt als Wasserfall über Felsen. Es hat immer diese oder jene Form, setzt sich ab von seiner Umwelt und ist darauf bedacht, sich zu unterscheiden. Der große See dagegen, aus dem es kommt, wandelt sich nicht. Er ist das Bleibende, er ruht in sich. Wer zu diesem Ursprung zurückkehrt, findet seine Mitte, seine Basis, Ruhe und Frieden. Kontemplation ist Heimkehr in den See, bei gleichzeitigem Wissen um das Rinnsal. Der See ist das Auge, mit dem man die letzte Realität schaut, die Basis des Bewußtseins. Dort gibt es noch kein Rinnsal, kein Ich und kein Du, kein Subjekt und kein Objekt. Wer mit diesem Auge sehen kann, ist kontemplativ. Der Zustand des Sehens ist Kontemplation.

Im Tagesbewußtsein ist diese Basis überlagert von intellektuellen und emotionalen Vorgängen. Sie kann daher nicht

wahrgenommen werden. Intellektuelle, emotionale, physische und psychische Abläufe schaffen ein Ego, das für die eigentliche Mitte gehalten wird. In Wirklichkeit ist es nur das kleine Rinnsal. Schweigen alle genannten Tätigkeiten, tritt die Basis des Bewußtseins hervor, und man erkennt, daß das wahre Selbst viel tiefer liegt.
Jeder Mensch hat diese Mitte und lebt aus ihr, ob er darum weiß oder nicht. Jeder Mensch hat diesen schweigenden See, aus dem das Rinnsal seines Tagesbewußtseins fließt. Der See ist ein angeborener Bewußtseinszustand, der auf Enthüllung wartet.

Die Erfahrung des eigenen Seins ist noch nicht die eigentliche Erleuchtungserfahrung. Es ist vielmehr der Zustand, den der WEG DES SCHWEIGENS „Schauen ins nackte Sein" und die Mystik „Gebet der Ruhe" nennt. Die eigentliche Erleuchtungserfahrung kommt oft, wenn auch nicht immer, als Geschenk nach langer Zeit der Übung dieser Art des Gebetes, aus diesem Zustand der Ruhe und des Friedens. Der Schreiber des WEGES drückt diese innere Verfassung mit folgenden Worten aus:

> „Das Einzige, wonach ich verlange, ist die einfache Wahrnehmung meines Selbst . . .
> Darum suche ich . . . nichts anderes als die direkte, dunkle Wahrnehmung meines Selbst."[1]

Wissend, daß dieser Zug in die eigene Tiefe zum Ziele führt, rät er:

> „Vergesse alles und blicke nur in das bildlose Dunkel deines nackten Seins."[2]
> „. . . jetzt ist es an der Zeit, dich zu bemühen, ständig in der innersten Mitte deiner Seele zu bleiben, um Gott die dunkle Wahrnehmung deines Seins als Erstlingsfrucht anzubieten."[3]

So wird es nach einer Zeit des Übens geschehen:

> „Du wirst deiner täglichen Arbeit nachgehen und zugleich mit deiner ganzen Aufmerksamkeit auf die dunkle Wahrnehmung deines Seins gerichtet sein, das mit Gottes Sein vereint ist.“[4]
>
> „Von jetzt ab genügt es, Gott mit deinem reinen ungeteilten Sein aufs höchste zu verherrlichen. Biete ihm nun deine Erstlingsfrucht an, dein reines, nacktes Sein . . .
>
> Halte diese Wahrnehmung deines Seins frei von allem Denken an dessen Eigenschaften. Leere dein Bewußtsein von allen Einzelheiten des Seins und dem anderer Geschöpfe . . . Jetzt genügt dir die dunkle, allgemeine Wahrnehmung deines Seins in ungeteiltem Herzen.“[5]

Das Bewußtsein arbeitet in zwei Richtungen, nämlich nach außen und nach innen. Zum Anschauen eines Fernsehprogramms oder eines Fußballspieles braucht man die nach außen gekehrte Aufmerksamkeit. Richtet man sie beharrlich nach innen, kommt man zu der Erfahrung des reinen Bewußtseins. Man wird sich bewußt, daß man sich bewußt ist. Keinem Gedanken wird erlaubt, die Erfahrung zu trüben. Diesen Zustand nennt der Verfasser der WOLKE und des WEGES „Wahrnehmung des eigenen Seins“. Äußere Sinneseindrücke haben keine Signalwirkung mehr. Man ist ganz bei sich. Wohl die meisten, die sich mit intensivem Eifer der Gebetsübung der Kontemplation hingeben, werden diese Entwicklungsstufe des inneren Gebetes erreichen. Versichert doch der Schreiber des WEGES: „Besinne dich darauf, daß du eine angeborene Fähigkeit hast, dein schlichtes Sein wahrzunehmen.“[6]

Meister Eckehart nennt dies eine Empfänglichkeitsanlage: „. . . eine vermögende Empfänglichkeit, worin du vollendet werden sollst . . . Drum gibt es da kein Zurückkehren, sondern nur ein beständiges Vorwärtsdrängen und ein Erreichen und Erfüllen der Anlage.“[7]

Was der WEG DES SCHWEIGENS die „Wahrnehmung des eigenen Seins“ nennt, heißt in der Mystik auch „Gebet der Ruhe“, ein Gebetszustand, der über die Dämpfung der Sinnes- und Verstandestätigkeit zu deren völliger Ruhestellung führt. Das Göttliche ist im Menschen verborgen, aber wenn die aktiven Kräfte unseres Ego zur Ruhe gekommen sind, stößt der Mensch auf eine Wirklichkeit, die er zunächst als nicht sein Eigenes erfährt. Etwas nicht Beschreibbares, ganz Anderes tritt da in sein Bewußtsein. Der Mensch erschrickt und ist doch gleichzeitig fasziniert. Dieses ganz Andere lockt, zieht an. Es kann ganz allmählich wachsen, bis es den ganzen Bewußtseinsraum ausfüllt, aber es kann auch ganz plötzlich einbrechen und überwältigen.

Im Lauf der Zeit kommt es so weit, daß der Mensch nicht mehr betrachten will und dann auch vielleicht nicht mehr betrachten kann. Er kann sich diesem ganz Anderen nicht entziehen. Es entwickelt eine eigene Aktivität. Der Mensch wird mehr und mehr zum passiv Schauenden. Die Phantasie und die Gedanken gehen neben diesem Schauen unkontrolliert ihre eigenen Wege. Die Andersartigkeit dieses Geschehens verwirrt, aber im Innern breiten sich Ruhe, Friede und Freude aus.

Theresia schreibt über die Erweiterung des Bewußtseins und die innere Freiheit, die dieses Gebet mit sich bringt:

> „Diese innere Geschmeidigkeit und Erweiterung zeigt sich auch darin, daß derjenige, dem sie widerfährt, fortan in den Dingen des Gottesdienstes nicht mehr so ängstlich ist wie zuvor, sondern sich sehr viel freier bewegt und sich nicht aus Angst vor der Hölle quält.“[8]

Theresia unterscheidet zwischen Denken und Einbildungskraft einerseits und dem Verstand andererseits. Das Denken

fliege so schnell umher, „daß nur Gott es aufzuhalten vermag, wenn er uns so fesselt, daß wir irgendwie von diesem Leibe losgelöst zu sein scheinen.“[9]
Das umherflatternde Denken kann verwirrend wirken, aber es erreicht den innersten Kern nicht, wo Ruhe herrscht. Deshalb schreibt sie an anderer Stelle:

> „Dabei ist die Seele vielleicht ganz bei ihm versammelt, in der Wohnung, welche dicht in seiner Nähe ist, während das Denken sich im Vorgelände der Burg umhertreibt.“[10]

Theresia bezieht sich hier auf einen Vorgang, der schon zu Anfang des ersten Kapitels erwähnt worden ist. Im Innern herrscht tiefer Friede; man erfährt sich als die Ruhe selbst, und doch segeln Gedankenfetzen über das Bewußtsein wie Wolken über einen Berg. Anfangs stören diese eigenwilligen Gedanken; später läßt man sie einfach geschehen. Sie beeinträchtigen die Sammlung so wenig wie Wolken die Ruhe des Berges.
Um diesen Gebetszustand weiter zu beschreiben, benützt Theresia auch das Bild des Wassers, das aus der Wesenstiefe hervorquillt. Es braucht nicht durch vieles Nachdenken von weit hergeholt zu werden, besitzt aber die Fähigkeit, uns innerlich auszuweiten. Die Erfahrung wird auch mit einem Glutbecken verglichen, dessen Wärme die ganze Seele durchzieht.
Das „Gebet der Ruhe“ wird von Theresia auch „Gebet der Wonne“ genannt. Es kann nämlich dabei zu sehr angenehmen Empfindungen kommen, die nicht mehr der flachen Gefühlsebene angehören, sondern tiefer wurzeln und daher von den Mystikern „Tröstungen“ genannt werden (Vgl. EB I,4 und 7). Diese Tröstungen bergen allerdings für den Kontemplativen die Gefahr des Stehenbleibens. Da der Weg in die Tiefe noch kaum beschritten worden ist, darf man an solchen Empfindungen nicht hängenbleiben.

3. Zusammenfassung des Gebetsweges

In jedem Fall ist es zunächst ratsam, sich am Anfang der Übungszeit aller möglichen körperlichen Verspannungen bewußt zu werden. Man geht zu diesem Zweck langsam durch den ganzen Körper.

Am besten beginnt man mit den Beinen. Schultern und Gesichtsmuskulatur sind mit besonderer Aufmerksamkeit durchzugehen. Die Zunge darf beim Atmen nirgends angepreßt werden. Stellt man Schmerz oder Verspannung fest, ist nachzugeben, nachzulassen und zu lockern. Oft dauert es Jahre, bis man die Verspannungen in den einzelnen Körperteilen entdeckt.

Mit der Zeit sollte der Punkt erreicht werden, wo Körper und Atem vergessen sind. Man bleibt an keiner Einzelempfindung hängen. Gedanken mögen aufsteigen; sie werden nicht festgehalten. Man sieht sie nur kommen und gehen. Das gleiche gilt von Gefühlen. Man läßt sich von ihnen nicht abschleppen. Man ist einfach da im Angesichte Gottes. So rät auch der Schreiber der WOLKE DES NICHTWISSENS: „Verbleibe in der einfachen Bewußtheit, daß er ‚ist' und daß du ‚bist'."[11] Gelingt das, zieht im Innern eine große Ruhe ein. Der Körper beginnt, sich langsam zu entgrenzen. Weite und Ruhe füllen so aus, daß alles, was in Körper und Verstand aufsteigt, nur an der Peripherie wahrgenommen wird. Der in der Mitte erfahrene Kern ist eine Wirklichkeit, die der WEG DES SCHWEIGENS das „nackte Sein" nennt. Es hat keine Form und keinen Platz, ist aber eine viel eindrucksvollere Wirklichkeit als alles, was sich sehen und greifen läßt. Man kann es nicht einmal etwas Geistiges nennen, wenn man darunter eine bestimmte Idee oder ein beschreibbares Konzept versteht. Worte wie grenzenloser Raum, Ruhe, Friede, Freiheit, Sein, Leben werden gewöhnlich gewählt, um diesen Kern zu beschreiben (Vgl. EB II,21 und 25). Man gelangt in sein eigenstes, tiefstes Wesen. Es ist nichts, was man von weit herholen müßte. Ob wir glauben oder nicht glauben, es ist da. Es ist der Urgrund des Menschen, sein tiefstes Wesen, sein nacktes Sein.

Die Entgrenzung kann eines Tages in einem einzigen Augenblick zur Einheitserfahrung führen. Plötzlich ist da nur noch Leere, die aber gleichzeitig letzte Wirklichkeit ist (Vgl. EB II,23). Aller Dualismus ist aufgehoben. Der „See“ ist erreicht. Dort gibt es weder gut noch bös, weder wertvoll noch minderwertig, weder oben noch unten, weder schön noch häßlich (Vgl. EB II,22). Plötzlich kann dann nur ein Laut sein, das Summen einer Fliege; die ganze Welt ist dann nur Summen, Läuten einer Glocke oder Rauschen des Regens; das ganze Universum ist Klang. Körper, Empfindungen, Verstand fallen aus, – Einheit, Leere, letzte Wirklichkeit, die nicht mehr beschreibbar ist.

Früher ging es einem wie beim Betreten einer Töpferei: der Blick nahm nur verschiedene Formen wahr. Es fiel nicht auf, daß alle Gefäße aus gleichem Ton hergestellt sind. Wer wirklich zum Urgrund vorgestoßen ist, der sieht vor allem und zuerst Ton, der allen Gefäßen gemeinsam ist. Er sieht die Einheit, er sieht das Verbindende, das durch den gleichen Grundstoff gegeben ist.

In der Einheitserfahrung wird dem Menschen eine erste Berührung des wahren Selbst geschenkt. Der Mensch nimmt sich selber und das ganze Universum in einer Blüte, einer Geste, einem Wort wahr. Eine solche Erfahrung hat nichts mit Euphorie oder parapsychischer Enthemmung zu tun. Sie bringt eher eine strenge, kühle Heiterkeit und Gelassenheit.

Man könnte hier fragen, ob diese Form der Kontemplation wirkliches Beten ist. Der dort Angekommene weiß, daß er betet. Augustinus sagt einmal: „Noverim me, noverim te.“ – „Erkenne ich mich, erkenne ich dich.“ Erfahrung der Ruhe, des Friedens und der Freiheit, Erfahrung des eigenen Seins wird als etwas Religiöses erlebt. Die Nähe Gottes wird zu einem stärkeren Grad als beim mündlichen Gebet empfunden.

Wer diese Ebene erreicht, erfährt sie als Bereich des Numinosen.

Ob sich ein solcher Mensch dann in bekannten religiösen Formulierungen äußert, oder – was sehr oft geschieht – in einer allgemeinen Sprache tiefen Erlebens, ist von untergeordneter Bedeutung (Vgl. EB III). Jedoch wirkt dieser Gebetszustand gewöhnlich durchleuchtend auf Stellen der Schrift und Formulierungen des Glaubens.

3. KAPITEL

WAHRNEHMUNG GOTTES

1. Die letzte Wirklichkeit

Im ersten und zweiten Kapitel wurde aufgezeigt, wie der Weg über Körper und Atem zur „Wahrnehmung des eigenen Seins“ oder zum „Gebet der Ruhe“ führt. Aber auch diese Entwicklungsstufe, dieser Gebetszustand stellt noch eine Schranke dar, die es zu überwinden gilt. Auch die „Wahrnehmung des eigenen Seins“ muß noch von der „Wolke des Vergessens“ umfangen werden, damit es zu einer Wahrnehmung „ohne Wahrnehmenden“ kommen kann. Dann erst ist der Kontemplative zur Erfahrung der Einheit gelangt, denn diese ist die Grunderfahrung jeglicher Mystik. Ob man dorthin mittels des Leitwortes „Gott“ oder „Jesus“ oder auf dem Weg der „Wahrnehmung des eigenen Seins“ gelangt, ist dabei nicht wesentlich. Die am Ziel stehende Erfahrung ist immer Einheit und Leere. Einheit und Leere, oder Nichts, sind aber nicht negativ zu verstehen. Es sind Bezeichnungen für die letzte Wirklichkeit, die nicht benannt werden kann. Auch die Leitworte „Gott“, „Jesus“, „Christus“ und die „Wahrnehmung des eigenen Seins“ müssen überschritten werden. In der Erfahrung selbst bleibt auch nichts von einer Person. Da ist nur diese radikal andere, transmentale Wirklichkeit, in der alles seinen Bestand hat. Sie ist der Ausgangspunkt aller Differenzierung. Eckehart weigert sich sogar, diese Wirklichkeit „Sein“ im üblichen Sinn zu nennen:

> „Sage ich ferner ‚Gott ist ein Sein‘ – es ist nicht wahr; er ist vielmehr ein überseiendes Sein und eine überseiende Nichtheit . . .

Schweig daher und klaffe nicht über Gott, denn damit, daß du über ihn klaffst, lügst du, tust du Sünde."[1]

Weiß daher der Verfasser des WEGES seinen Schüler auf der Stufe der „Wahrnehmung des eigenen Seins", beginnt er ihn sofort zu drängen, auch das Innesein des eigenen Seins aufzugeben, um zur Wahrnehmung Gottes zu gelangen:

„Zu Anfang sagte ich: Vergesse alles und blicke nur in das bildlose Dunkel deines nackten Seins. Meine Absicht war jedoch, dich bis zu dem Punkt zu führen, wo du auch dieses noch aufgibst, um nur noch das Sein Gottes zu erfahren. Diese allertiefste Erfahrung hatte ich im Auge, als ich . . . sagte: *Gott ist dein Sein.* Es war damals noch zu früh, von dir zu erwarten, daß du ohne Übergang in diese hohe Schau des Seins Gottes eintreten würdest . . . Zunächst riet ich dir, in der unverdeckten bildlosen Schau deines (eigenen) Seins zu ruhen, bis dir durch ausdauerndes geistiges Bemühen die Übung der Versunkenheit leicht fällt. Ich wußte, sie würde dich für das innerste Erkennen des göttlichen Seins vorbereiten. Das Wichtigste dieser Übung war, daß in dir eine alles umfassende Sehnsucht wuchs, ein Verlangen, nur Gott zu erkennen und sonst nichts. Ich sagte zwar anfangs: Hülle deine Wahrnehmung Gottes ein mit der Wahrnehmung deines eigenen Seins . . . Ich hoffte, es würde dir durch geduldiges Üben zunehmend leichter fallen, bis du schließlich fähig wärest, dein Bewußtsein selbst von der elementaren Wahrnehmung deines eigenen Seins freizumachen, und dann in einer dir bisher völlig unbekannten Weise zu erfahren, wie Gott, so wie er in sich selbst ist, dich voll Liebe umfängt.
Falls du (daher) beim Üben merkst, daß du noch nicht Gott, sondern erst dein eigenes Selbst wahrnimmst und erfährst, verlange mit der ganzen Kraft

deines Herzens danach, einzig in Gottes Sein zu versinken und daß dir nichts übrig bleibe als der tiefe Wunsch, die kärgliche Erkenntnis und die den Grund verstellende Wahrnehmung deines eigenen dunklen Seins zu vergessen.“[2]

Es genügt also nicht, daß es einem gelungen ist, die Geschöpfe und alles, was sie betrifft, vergessen zu haben. Das Ego muß sich selbst noch lassen.[3] Auch das „gierige Verlangen“ nach Gott ist Hindernis. Wörtlich drängt er daher noch einmal:

„Darum sage ich dir nochmals, meide jede Übertreibung und lerne, an Leib und Seele entspannt, heiter und gelassen dich in dieser Übung Gott hinzugeben. Warte geduldig und bescheiden auf sein Wirken in dir und lechze nicht gierig wie ein ausgehungerter Hund nach seiner Gnade.
Halb im Scherz sage ich: Versuche, das schreiende, gierige Verlangen deiner Seele zu zähmen und die Sehnsucht deines Herzens selbst vor Gott zu verstekken.“[4]

Erst der innerlich Gelassene hört seinen weiteren Rat:

„Vereine dein Sein mit Gottes Sein, denn er ist das strahlende Sein in sich selbst und in dir.“[5]

Dabei läßt er jedoch den Übenden nicht im Zweifel darüber, daß es sich hier um einen äußerst schwierigen und schmerzlichen Vorgang handelt (Vgl. EB I,1 und EB II,40). Ein Sterben des Ichs im wahrsten Sinn des Wortes fordert er als unumgängliche Notwendigkeit:

„Meide dein Selbst[6] wie Gift. Vergesse und übersehe es so entschieden, wie unser Herr es erwartet.
Verstehe mich recht: Ich sagte nicht, wünsche dir nicht-zu-sein. Das wäre Torheit und hieße Gott lä-

stern. Vielmehr verlange danach, jedes Bewußtsein und jede Wahrnehmung deiner selbst zu verlieren. Das ist wesentlich, wenn du Gottes Liebe in der Fülle erleben willst, wie es in diesem Leben überhaupt möglich ist. Dir muß es selbst aufgehen, daß du ohne Hergabe deines Selbst nie dein Ziel erreichen wirst. Wo immer du bist, was du auch tust, und wie du es versuchen wirst, die elementare Wahrnehmung deines nackten Seins steht zwischen dir und deinem Gott. Natürlich mag Gott gelegentlich eingreifen und dich mit einer flüchtigen Erfahrung seines Seins beglücken. Von diesen Augenblicken jedoch abgesehen, wird die dunkle Wahrnehmung deines eigenen nackten Seins dein Bewußtsein erfüllen und wie eine Mauer stehen zwischen dir und Gott. Ähnlich war es zu Beginn dieser Übung, als die Aufmerksamkeit auf Einzelheiten deines Seins wie eine Mauer stand vor der direkten Wahrnehmung deines Seins. Bald wirst du spüren, welche schwere und schmerzhafte Last dein eigenes Selbst ist. Möge dir Jesus in jener Stunde helfen; du wirst ihn dringend brauchen.

Alle Last und alles Leid der Welt zusammen scheinen gering im Vergleich dazu; dann wirst du dir selbst das Kreuz sein. Aber das ist der Weg unseres Herrn und dies der Gehalt seiner Worte: ‚Er nehme sein Kreuz auf sich' . . . damit er mir später ‚in die Herrlichkeit folgen kann' . . .

Du siehst also, es ist notwendig, das schmerzhafte Kreuz des eigenen Selbst zu tragen. Dies allein wird dich vorbereiten auf die alles übersteigende Erfahrung Gottes, wie er ist, und auf die Vereinigung mit ihm in verzehrender Liebe."[7]

Wie aber wird diese Schranke überwunden? Wille, Sehnsucht und Liebe richten uns wohl auf das Letzte aus, sind aber unfähig, uns direkt zum Ziel zu bringen. Auf dieser Ebene gibt es keine Willensakte mehr. Hingabe, Liebe und Streben nach Einheit sind hier zu einem Habitus geworden, der den Menschen durchdringt wie Durst. Sie müssen nicht willentlich aktiviert werden. Was schließlich ans Ziel bringen wird, ist die stete Gebetsübung mit dem Leitwort, wie sie oben besprochen wurde. Das Zeichen dafür, daß man sich dem Ziel beharrlichen Strebens nähert, ist gemäß dem Verfasser der WOLKE das Sich-Einstellen schmerzlichsten Leidens (Vgl. EB I,22), dessen Rolle es ist, die endgültige Reinigung zu vollziehen:

> „Ein starkes, geistiges Leid wird dir anzeigen, ob du seiner Gnade völlig entsprichst.
> Doch verliere dich nicht in dieses Leid. Wenn es dich überfällt, achte darauf, daß du Leib und Seele nicht überlastest. Sitze entspannt und ruhig da, dem tiefen Leid ganz hingegeben. Dieses Leid ist nötig und gut. Wer es durchstehen muß, darf sich glücklich nennen. Zwar kennt jeder Mensch Kummer und Leid. Doch nur wer seines eigenen Seins innewurde, begreift den Grund für dieses tiefe, alles durchdringende Leid. Daneben verblaßt jeder andere Kummer. Wer nicht nur erkennt, was er ist, sondern wer darüber hinaus seines tiefsten Seins gewahr wurde, der allein weiß, was wirklich Leid ist. Wer diese Erfahrung nicht macht, hat allein Grund, traurig zu sein, denn er weiß nichts von einem Leiden, das den Menschen von der Sünde und ihren Folgen befreit. Darüber hinaus befähigt es den Menschen zu einer Freude, die ihn schließlich über das Bewußtsein seiner selbst hinaushebt.“[8]

Die Erfahrung der eigenen Unwürdigkeit ist in gewisser Weise die Vorstufe der Erfahrung des Nichts, der eigenen Nichtigkeit und der Nichtigkeit der gesamten Schöpfung. Und doch wird in diesem Nichts Alles gefunden:

„Vergiß das ‚Überall' und das ‚Etwas'. Sie verblassen vor diesem gesegneten ‚Nirgendwo' und ‚Nichts'! Sorge dich nicht, wenn deine Sinne und Fähigkeiten dieses ‚Nichts' nicht erfassen. Es kann nicht anders sein. Dieses ‚Nichts' ist so groß und tief, daß es für sie nicht erreichbar ist. Es läßt sich nicht erklären, nur erfahren. Wer noch nicht lange mit diesem ‚Nichts' vertraut ist, empfindet es dunkel und unergründlich. Was als tiefe Dunkelheit erfahren wird, ist in Wirklichkeit ein geistiges Licht, das diese Menschen blendet. Wer wird dieses ‚Nichts' wohl als ‚Leere' verspotten? Natürlich unser oberflächliches Selbst, nicht unser wahres Selbst. Unser wahres Selbst nennt es unermeßliche Fülle. Denn in diesem Dunkel erkennen wir alles in einem, das Wesen aller körperlichen und geistigen Dinge, ohne unsere Aufmerksamkeit auf etwas im einzelnen zu richten."[9]

Findet sich daher der Kontemplative auch im Dunkel und Feuer reinigenden Leidens, so versichert uns der Verfasser der WOLKE zugleich, daß sein Schüler zuzeiten auch das Gegenteil von Traurigkeit und Leid erfährt:

„Manchmal kommt ihm dieses ‚Nichts' vor wie ein himmlisches Paradies – wegen der wunderbaren Stärkungen und dem unaussprechlichen Gefühl der Freude und des Gutseins, das er empfindet. Mitunter erlebt er dieses Dunkel als einen solchen Frieden und eine solche Ruhe, daß er glaubt, Gott selbst zu erfahren. Gleich, wie er dieses ‚Nichts' erfährt, bis zuletzt wird eine *Wolke des Nichtwissens* zwischen ihm und Gott bleiben."[10]

Es kann darüber kein Zweifel bestehen, daß die letzte Stufe vor dem entscheidenden Durchbruch – wie der gesamte kontemplative Weg überhaupt – ein Weg schmerzhafter Reinigung, aber auch tiefer innerer Freude und Sicherheit ist.

Der Durchbruch zur letzten Erfahrung liegt jenseits menschlicher Fähigkeiten. Seiner Natur nach ist er reines Geschenk. Sehr oft vollzieht er sich in Augenblicken außerhalb der Gebetszeiten. Es sind nicht wenige, bei denen er sich bei Nacht ereignet, so daß sie bei einem plötzlichen Erwachen erfahren, daß ihnen Alles geschenkt worden ist. Manchen werden die Augen beim Lesen eines Schriftverses geöffnet, obwohl sie denselben Vers früher vielleicht schon unzählige Male gelesen hatten. Selbst inhaltlich brauchte er nichts besonderes anbieten zu können, und doch erhellen sich plötzlich beim Lesen die Zusammenhänge von Gott und Schöpfung. Oft ist es auch eine Melodie, ein Geräusch, der Anblick einer Blume, einer Landschaft, die zum unmittelbaren Anstoß werden. Wird der Mensch aber wie vom Blitz getroffen, dann weiß er mit Sicherheit, ohne jeden Zweifel – oft allerdings erst, nachdem die Erfahrung vorüber ist: Das ist es! (Vgl. EB V). So versichert auch Eckehart diesbezüglich im „Traktat vom edlen Menschen“:

> „Wenn der Mensch, die Seele, der Geist Gott schaut, so weiß und erkennt er sich auch als erkennend, das heißt: er erkennt, daß er Gott schaut und erkennt.“[11]

Wenn dieser Augenblick gekommen ist, dann widerfährt dem Menschen, was der Verfasser des WEGES vorhergesagt hat:

> „Du wirst Gott, deine Liebe, erkennen. Geistig eins geworden in der Liebe, wirst du ihn unverhüllt in der innersten Tiefe deines Geistes erfahren. Völlig entblößt von deinem Selbst und einzig in ihn gehüllt, wirst du ihn erkennen, wie er ist, ohne Trübung durch Glücksempfindungen, wären es auch die beglückendsten und höchsten, die auf Erden möglich sind. Dieses Erkennen ist dunkel, weil es in diesem Leben so sein muß. Doch in der klaren Lauterkeit deines ungeteilten Herzens fern vom Wahn und Irrtum, dem jeder

ausgesetzt ist, wirst du spüren und erkennen, fern jeder Täuschung, daß es Gott selbst ist, so wie er wirklich ist.
Der Mensch, der Gott in seiner unverhüllten Wirklichkeit schaut und erfährt, ist darin von Gott so wenig getrennt wie Gott selbst von seinem eigenen Sein aufgrund seiner Natur; so ist die Seele, die ihn schaut und erkennt, eins mit ihm, jedoch aufgrund der Gnade.“[12]

2. Aspekte der Tiefenerfahrung

Ego und Selbst

„Wenn aber die Seele erkennt, daß sie Gott erkennt,“ sagt Eckehart, „so gewinnt sie zugleich Erkenntnis von Gott und von sich selbst.“[13] Diese Worte des mittelalterlichen Mystikers implizieren, daß man nicht ist, was man zu sein scheint, weil die Identität des Menschen nicht an der Oberfläche liegt. Das empirische Ich, das das Tagesbewußtsein als Wirklichkeit vorstellt, ist nicht das wahre Selbst, der wahre Urgrund oder Wesensgrund. Das Ego ist ein „Trugbild“, dessen Konstruktion auf der lebenslänglichen Interaktion von Körper und Psyche und deren zahlreichen Fähigkeiten beruht. Es ist ein vom Menschen selbst aufgebauter Komplex, der keinen Bestand in sich selbst hat. Mit dem Tod wird das Ego verschwinden. Auch die intellektuellen Fähigkeiten werden am Tod des Körpers teilnehmen. Der Tod ist nichts anderes als die Auflösung des empirischen Ich. Er wird das wahre Selbst zu einer Existenz befreien, die wir Christen Himmel, ewiges Leben, Anschauung Gottes nennen.
Es sei eigens betont, daß das Ego absolut positiv zu sehen ist. Es gehört zur menschlichen Geschöpflichkeit. Es macht das

Menschsein aus. Es geht hier auch in keinem Fall um eine Unterdrückung des Rationalen, vielmehr darum, es wieder stärker an das wahre Selbst anzuschließen. Das wahre Selbst möchte sich ungehindert im Ego ausdrücken, aber der Egokomplex hat die Neigung, sich autonom zu setzen und seinen wahren Ursprung zu verschleiern. Er ist in sich gut, wie die Schöpfung in sich gut ist. In der Kontemplation soll ihm jedoch seine verdunkelnde Tendenz genommen werden. Auch am Ego, der zeitlichen Form des Menschen, soll sichtbar werden, das es Leben Gottes ist.

Für die meisten Menschen ist der Weg zum Ziel ein sehr langer Weg, obwohl er nicht zu neuen Ufern führt. Man kommt dort an, wo man immer war. Wie vieles im mystischen Bereich klingt das sicher paradox, und doch erkennt der zu seinem wahren Selbst Durchgestoßene, daß er nur das gefunden hat, was immer da war. Der Anfänger hat zwar oft das Gefühl, als stünde eine Mauer zwischen ihm und Gott. Kommt er jedoch ans Ziel, erkennt er, daß es nie eine Mauer gab. Er konnte nur die anwesende Wirklichkeit nicht „sehen". Eckehart benützt die Tätigkeit des Bildhauers als Beispiel, um das klar zu machen:

> „Wenn ein Meister ein Bild macht aus Holz oder Stein, so trägt er das Bild nicht in das Holz hinein, sondern er schnitzt die Späne ab, die das Bild verborgen und verdeckt hatten; er gibt dem Holze nichts, sondern er benimmt und gräbt ihm die Decke ab und nimmt den Rost weg, und dann erglänzt, was darunter verborgen lag. Dies ist der Schatz, der verborgen lag im Acker, wie unser Herr im Evangelium spricht (Matth 13,44)."[14]

Johannes vom Kreuz erläutert die gleiche Wahrheit mit Hilfe von Sonnenstrahl und Fenster:

> „Ein Sonnenstrahl fällt auf ein Glasfenster. Ist das Fenster nun durch Flecken getrübt oder angelaufen,

> so kann der Strahl es nicht so erhellen und ganz in sein Licht umgestalten, wie wenn es frei von diesen Trübungen und durchsichtig wäre; vielmehr wird er es umso weniger erhellen, je weniger es von Trübungen und Flecken frei ist, und umso besser, je reiner es ist. Das liegt nicht am Strahl, sondern am Fenster."[15]

Kommt es zu einem wirklichen Durchbruch, dann gilt, worauf in der Einleitung dieses Kapitels schon hingewiesen worden ist: Es gibt weder einen, der erfährt, noch einen, der erfahren wird; d. h. im reinen Tiefenbewußtsein erfährt sich der Erfahrende als eins mit dem Erfahrenen. „Das gleiche, was da hört, ist dasselbe, was da gehört wird im ewigen Wort," sagt Eckehart.[16]

> „Das Auge, in dem ich Gott sehe, das ist dasselbe Auge, darin mich Gott sieht; mein Auge und Gottes Auge, das ist *ein* Auge und *ein* Erkennen und *ein* Lieben."[17]

Wenn das Sein selbst berührt wird, kann der Mensch nicht mehr sagen: „Ich sehe, ich höre." Die Erinnerung an die Erfahrung ist nicht: „Ich war eins mit Gott", sondern: „Ich war Gott." (Vgl. EB VI,9). Jedoch wissend um die Außergewöhnlichkeit seiner Botschaft, fühlt Eckehart die Notwendigkeit, seine berühmte Predigt „Beati Pauperes" mit folgenden Worten abzuschließen:

> „Solange der Mensch dieser Wahrheit nicht gleicht, solange wird er diese Rede nicht verstehen. Denn es ist eine unverhüllte Wahrheit, die da gekommen ist aus dem Herzen Gottes unmittelbar."[18]

Übersteigen des Dualismus

Das Gegenüberstehen von Subjekt und Objekt ist überwunden. Wenn es noch einen Unterschied gibt, so sagt wiederum

Eckehart, dann liegt er nicht im Sein selbst, sondern im Werden:

> „... darum bin ich Ursache meiner selbst meinem *Sein* nach, das *ewig* ist, nicht aber meinem *Werden* nach, das zeitlich ist. Und darum bin ich ungeboren, und nach der Weise meiner Ungeborenheit kann ich niemals sterben. Nach der Weise meiner Ungeborenheit bin ich ewig gewesen und bin ich jetzt und werde ewiglich bleiben. Was ich meiner Geborenheit nach bin, das wird sterben und zunichte werden, denn es ist sterblich; darum muß es mit der Zeit verderben. In meiner (ewigen) Geburt wurden alle Dinge geboren; und ich war Ursache meiner selbst und aller Dinge, und hätte ich gewollt, so wäre weder ich noch wären alle Dinge; wäre aber ich nicht, so wäre auch ‚Gott' nicht: daß Gott ‚Gott' ist, dafür bin ich die Ursache; wäre ich nicht, so wäre Gott nicht ‚Gott'."[19]

Dem irdischen Sein nach existiert der Mensch nur als „Gewirkter", so wie der Ast vom Baum gewirkt wird[20] und der Bach von der Quelle. Aber dem ewigen Sein nach, d. h. dem Leben nach, das durch Baum und Ast in gleicher Weise strömt, gibt es keinen Unterschied. Gäbe es keinen Ast, dann hätte auch der Baum keine Existenz.

Die Dinge haben in sich selbst keinen Bestand, denn sie sind leer. Eckehart nennt sie ein reines Nichts: „Alle Kreaturen sind in sich selbst nichts."[21] Ihre Existenz haben sie von Gott, der sie „wirkt", im Sein erhält. Weil das empirische Ich ihnen eine selbständige Existenz verleiht, erfährt man sich von den Dingen getrennt. Das empirische Ich ist Ursache dieses Dualismus. Er ist aber eine Täuschung, eine Illusion. Der Erleuchtete durchschaut vor allem diese Selbsttäuschung und erkennt, daß das Leben Gottes eins ist, eine fortgesetzte Schöpfung ist.

Sein wahres Selbst finden, heißt göttliches Leben finden. Leben aber ist nicht aufteilbar in Objekte. Leben ist immer ganz und eins. Es eint mit Gott und mit dem ganzen Universum. Alle haben am gleichen Leben teil. Wird daher das wahre Selbst erfahren, erfährt man göttliches Leben, d. h. Alles, denn alles ist, in der Sprache Eckeharts, „Gewirktsein“ aus göttlichem Leben.

Zeitlosigkeit

Neben dem Erlebnis der Einheit steht in der Kontemplation auch das der Zeitlosigkeit. (Vgl. EB I,50). Mystik lebt daher in der Gegenwart, was nicht heißt, daß das göttliche Leben nicht ein hohes Telos in sich trägt; aber dieses Telos hat keinen temporalen Charakter. Mystik lebt in der Gegenwart, sie ist die Selbsterfahrung im ewigen Jetzt. Eckehart sagt:

> „Wenn der Mensch erhoben ist über die Zeit in die Ewigkeit, so wirkt dort der Mensch *ein* Werk mit Gott. Manche Menschen fragen, wieso der Mensch die Werke wirken könne, die Gott vor tausend Jahren gewirkt hat und nach tausend Jahren wirken wird, und verstehen's nicht. In der Ewigkeit gibt es kein Vor und Nach. Darum, was vor tausend Jahren geschehen ist und nach tausend Jahren (geschehen wird) und jetzt geschieht, das ist *eins* in der Ewigkeit. Darum, was Gott vor tausend Jahren getan und geschaffen hat und nach tausend Jahren (tun wird) und was er jetzt tut, das ist nichts als *ein* Werk.
>
> Darum wirkt der Mensch, der über die Zeit erhoben ist in die Ewigkeit, mit Gott, was Gott vor tausend und nach tausend Jahren gewirkt hat. Auch dies ist für weise Leute eine Sache des Wissens und für grobsinnige eine Sache des Glaubens.“[22]

An anderer Stelle umschreibt er diese Erfahrung nochmals:

> „Es gibt ein oberstes Teil in der Seele, das steht erhaben über die Zeit und weiß nichts von der Zeit noch vom Leibe. Alles, was je geschah vor tausend Jahren – der Tag, der vor tausend Jahren war, der ist in der Ewigkeit nicht entfernter als der Zeitpunkt, in dem ich jetzt eben stehe, oder (auch) der Tag, der nach tausend Jahren oder so weit du zählen kannst, kommen wird, der ist in der Ewigkeit nicht entfernter als dieser Zeitpunkt, in dem ich eben jetzt stehe.“[23]

3. Erleuchtungserlebnis und Individualität

Die zeitgenössische Psychologie sagt uns, daß der Mensch seine Umgebung nicht vollkommen objektiv wahrnehmen kann. Lange meinte man, daß der Mensch das, was die Außenwelt an ihn heranträgt, aufnimmt und zu einem Ganzen zusammensetzt. Heute weiß man dagegen, daß jeder Mensch eine individuelle Art des Aufnehmens hat. Je nach den ihm eigenen Konzepten, Erwartungen, Stimmungen selektiert er. Rasse, Alter, Bildungsstand, die religiöse Vorstellungswelt und vieles mehr spielen dabei eine Rolle. In der Psychologie gilt daher: Wenn zwei das gleiche erfahren, nehmen sie doch nicht das gleiche auf. Es sind nur bestimmte Aspekte, die aufgenommen werden. Es bleibt daher wahr, was Paulus an die Korinther schrieb: „Stückwerk ist unser Erkennen und Stückwerk unser Prophezeien“ (1 Kor 13,9). Die Erfahrung ist wie Wasser, das in verschiedenfarbige Gläser gegossen wird; es nimmt die Farbe der Gläser an. Dazu kommt noch, daß die Erfahrung mehr oder weniger tief und mehr oder weniger umfassend sein kann.

Mit anderen Worten: das wahre Selbst oder das Göttliche im Menschen kann immer nur durch das Ego verbalisiert werden. Der Ausdruck bleibt immer Ego-bedingt und darf nie absolut gesetzt werden. Absolut ist nur die Wahrheit, auf die der Ausdruck hinweist. Gott, die letzte Wahrheit, ist gleichsam der weiße Lichtstrahl. Das Ego des Menschen ist wie ein Prisma, das das weiße Licht in die Farben des Regenbogens zerlegt. Das Ego kann den weißen Lichtstrahl nicht wahrnehmen. Es sieht immer nur Farben. Deshalb ist die Artikulierung der Erfahrung bruchstückhaft und individuell. Bilder und Begriffe bleiben relativ. Daher ist es auch müßig zu fragen, ob das Erfahrene Person, Leben oder Liebe ist (EB III,15). Person, Leben, Liebe sind gleichsam nur die Farben des vom Prisma gebrochenen weißen Lichtstrahls. Jede Verbalisierung setzt gedankliche Formulierungen voraus, die nur möglich werden, nachdem die Erfahrung in die individuelle Persönlichkeitsstruktur eingeflossen ist.

Die Erfahrung selbst ist ein Innewerden, das vor allem intellektuellen Begreifen liegt. Begriffe sind unzureichend, das zu erfassen, was ihr Ursprung ist. Denke ich z. B. „eins“, bin ich gezwungen, eins im Gegensatz zu mehreren, anderen oder vielen zu denken. Denke ich „leer“, so kann ich das nur im Gegensatz zum Konzept „voll“. Auch wenn ich „Person“ denke, kann ich es nur in Abhebung von anderen Personen. Daher ist die Erfahrung, von der ich eine konzeptuelle Vorstellung habe, nicht mehr die Erfahrung selbst.

Erfahrung kann aus diesem Grund auch nicht vermittelt werden. Man kann nur zu einer Erfahrung erwachen. Auch der Meister kann nur helfen, zu einer Erfahrung zu gelangen. Er erkennt auch deren Tiefe, aber nicht so sehr aus Erklärungen von seiten des Schülers, sondern aus Hinweisen, die aus der augenblicklichen Situation fließen.

Die echte Erfahrung übersteigt logisches und diskursives Denken, denn sie vollzieht sich auf einer vollkommen verschiedenen Ebene des Innewerdens. Über Mystiker und deren Schriften sollte daher nur einer sprechen, der wenigstens eine mystische Intuition hat, wie ja auch Paulus fordert, daß die Rede dessen, der in Sprachen spricht, von einem anderen, der sie versteht, ausgedeutet werde.[24]

Eckehart rät mit allem Ernst:

> „Willst du Gott auf *göttliche* Weise wissen, so muß dein Wissen zu einem reinen Unwissen und einem Vergessen deiner selbst und aller Kreaturen werden.
> Nun könntest du sagen: Je nun, Herr, was soll denn meine Vernunft tun, wenn sie so ganz ledig stehen muß ohne alles Wirken? Ist dies die beste Weise, wenn ich mein Gemüt in ein nichterkennendes Erkennen erhebe, das es doch gar nicht geben kann? Denn, erkenne ich etwas, so wäre das kein Nichterkennen und wäre auch kein Ledig- und Bloß-Sein. Soll ich denn also völlig in Finsternis stehen? – Ja, sicherlich! Du kannst niemals besser dastehen, als wenn du dich völlig in Finsternis und in Unwissen versetzest."[25]

An anderer Stelle versichert Eckehart, daß die suchende menschliche Vernunft kein Instrument ist, mittels dessen man zu einer Tiefenerfahrung kommen kann:

> „Soll Gott gesehen werden, so muß es in einem Lichte geschehen, das Gott selbst ist.
> Über dieser Vernunft aber, die (noch) sucht, ist (noch) eine andere Vernunft, die da nicht (mehr) sucht, die da in ihrem lautern, einfältigen Sein steht, das in jenem Lichte umfangen ist. Und ich sage, daß in jenem Lichte *alle* Kräfte der Seele sich erhöhen."[26]

Es geht in der Tiefenerfahrung also darum:

> „. . . daß die Seele in die erste Lauterkeit eingebildet wird, in den Eindruck der lauteren Wesenheit, wo sie

Gott schmeckt, ehe er Wahrheit oder Erkennbarkeit annimmt, dort, wo alle Nennbarkeit abgelegt ist; dort erkennt sie am allerlautersten, dort nimmt sie das Sein in voller Gemäßheit.“[27]

4. Einheit und Vielheit – Gott und Schöpfung

Auf logischer Ebene kann eins nicht zwei sein, kann Zeit nicht zugleich Zeitlosigkeit sein, wohl aber auf der Ebene der religiösen Erfahrung. Das logische Denken, das rationale Schlüsse zieht, unterscheidet zwischen Ruhe und Dynamik. Es sieht sie als zwei. In der Tiefenerfahrung, wenn der Mensch sich – wie Eckehart sagt – vergißt, erfährt er Ruhe und Dynamik als Eines.

Jeder Mensch hat eine rechte und eine linke Seite. Wir reden sogar von Rechtshändern und Linkshändern. Aber kein Mensch erfährt sich deshalb als „halbseitig“. Vielmehr erfährt er sich als Einheit. Der Mensch hat zwei deutlich unterscheidbare Seiten. So läßt sich auch die Schöpfung erläutern. Gott ist Alles, er umfaßt Zeit und Ewigkeit. Deshalb kann auf einer tieferen Ebene der Erfahrung eins auch zwei sein, Subjekt gleich Objekt. Eine solche Formulierung der Erfahrung klingt naiv, kommt der Wahrheit aber wohl näher als so manche theologische Konstruktion.

Das wahre Selbst und das menschliche Ego haben komplementäre Züge. Im Menschen verbinden sich Geist und Materie, Gott und Schöpfung zur Harmonie. Wer sich selbst erfährt, erfährt Einheit. Die Erfahrung der Einheit ist Erfahrung des Ganzen. Mensch und Natur werden nicht als zerstreute Einzeldinge, abgetrennt von einer tieferen Wirklichkeit, erkannt, sondern als organisches Ganzes und als Ausdruck der Einheit. Jeder Punkt von Raum und Zeit, jedes „Einzelne“, reflektiert das Ganze.

Die eine Wirklichkeit, Gott, differenziert sich in den vielen Dingen und bleibt doch eins. So sagt Eckehart:

> „Und wahrlich, wärest du recht Eins, so bliebest du auch Eins im Unterschiedlichen, und das Unterschiedliche würde dir Eins und vermöchte dich nun ganz und gar nicht zu hindern. Das Eine bleibt gleichmäßig Eins in tausendmal tausend Steinen wie in vier Steinen, und Tausendmaltausend ist ebenso gewiß eine einfache Zahl, wie (die) Vier eine Zahl ist.“[28]

Die Differenzierung kommt aus der Einheit. Sie ist eine Selbstdarstellung dieser Einheit. Gott ist ein Prozeß. Er faltet sich ein und faltet sich aus. Er ist einfältig und vielfältig. So sollte wohl auch der Schöpfungsbericht verstanden werden. Schöpfer und Geschöpf sind eine Wesenseinheit. Da ist keiner, der etwas aus Nichts macht, es sei denn, man nimmt dieses Nichts positiv als letzte Wirklichkeit aller Dinge. Gott manifestiert sich in den vielen Daseinsformen. Schöpfung ist hier und jetzt. Sie ist ein Vorgang ohne Anfang und Ende. Und daher ist die Schöpfung so alt wie Gott, wie Eckehart sagt: „Sobald Gott war, sobald hat er auch die Welt erschaffen.“[29]

Erstaunlich oft wird im zweiten Erfahrungsbericht der Satz wiederholt: „Es ist alles so wie es ist!“ Erleuchtung ist die Erhellung der Zusammenhänge dieser Welt. Ist das letztlich nicht auch Erlösung? Erfahrung der Einheit des Lebens über Geburt und Tod hinaus? „Tod, wo ist dein Sieg?“ Da ist kein Tod, da ist nur Leben (Vgl. EB VI,10). Daß etwas sterben könnte, ist für den Mystiker eine Ungeheuerlichkeit. Auch der Tod ist das Leben Gottes. Er gehört zum Einfalten und Ausfalten Gottes.

Während unser Tagesbewußtsein die Dinge in ständiger Isolation aussortiert, wird dem Menschen in der Erleuchtungserfahrung seine Einheit mit den Dingen bewußt. Für manchen

Mystiker ist das Wort „Einheit“ nicht die rechte Wiedergabe seiner Erfahrung. Er sagt lieber: „Nicht-zwei, nicht-eins“. „Nicht-Dualismus“ ist vielleicht treffender. Aber alle Verneinung und die Verneinung der Verneinung sind noch Konzepte, die gelassen werden müssen. Und so kann auch die negative Theologie nur bis an die Grenze der Erfahrung führen.

Die große Angst, die möglicherweise in christlichen Theologen bei solcher Rede aufsteigt, ist die Angst vor der Nivellierung des Unterschiedes von Gott und Schöpfung. Alle Häresien der Kirchengeschichte werden da angeblich neu heraufbeschworen: Monismus, Pantheismus, Gnostizismus, Pelagianismus und Emanationslehre. In der Erleuchtungserfahrung haben alle diese Begriffe keine Relevanz. Sie werden überstiegen. Sie sind einengende intellektuelle Bausteine, die auf dieser Erfahrungsebene unbrauchbar sind. Karl Rahner drückt die Schwierigkeit der Verbalisierung so aus:

> „Man hat schon gesagt, daß der Christ der Zukunft ein Mystiker sei oder nicht mehr sei. Wenn man unter Mystik nicht seltsame parapsychologische Phänomene versteht, sondern eine echte, aus der Mitte der Existenz kommende Erfahrung Gottes, dann ist dieser Satz sehr richtig und wird in seiner Wahrheit und seinem Gewicht in der Spiritualität der Zukunft deutlicher werden. Nach der Schrift und richtig erfaßter kirchlicher Lehre kommt nämlich die letzte Glaubensüberzeugung und -entscheidung letztlich nicht bloß aus einer von außen kommenden lehrhaften Indoktrination, die von einer profanen oder kirchlichen Öffentlichkeit abgestützt wird, noch aus einer bloßen fundamental-theologischen, rationalen Argumentation, sondern aus der Erfahrung Gottes, seines Geistes, seiner Freiheit, die aus dem Innersten der menschlichen Existenz aufbricht und da wirklich erfahren werden kann, auch wenn diese Erfahrung nicht

> adäquat reflektiert und verbal objektiviert werden kann.
> Geistbesitz ist nicht eine Sache, deren Gegebenheit uns nur von außen lehrhaft indoktriniert wird als eine Wirklichkeit jenseits unseres existentiellen Bewußtseins . . ., sondern wird von innen her erfahren.
> Der einsame Christ im schweigenden Gebet . . ., in der Nacht der Sinne und des Geistes, wie die Mystiker sagen, . . . macht die Erfahrung Gottes und seiner befreienden Gnade, vorausgesetzt nur, daß er diese eben nur angedeuteten Erfahrungen annimmt und ihnen nicht in einer letztlich schuldhaften Angst davonläuft; er macht diese Erfahrung, selbst wenn er sie nicht noch einmal interpretieren und theologisch etikettieren könnte.“[30]

Christliche Theologie wird in Zukunft stärker von der Einheit ausgehen müssen. Die Schwierigkeit liegt darin, daß man diese Einheit nicht begrifflich verstehen darf, weil sie sonst schon etwas anderes als das Angesprochene ist. So wie der Begriff „Leben“ nur die Wirklichkeit „Leben“ andeuten kann. Leben selbst ist nicht faßbar. Es ist nur erfahrbar im Lebendigen.
In seinem tiefsten Innern hat der Mensch die Ahnung, daß er zu Gott gehört, nicht verloren. Er sucht ihn bewußt und unbewußt. „Bild Gottes“, „Sohn Gottes“, „Reich Gottes in euch“, das ist die Verfaßtheit des Menschen. Nur wer sich von Gott abgesondert hat, wer sich als Monade sieht, gerät in Angst vor Gott. Wer sich als eines Wesens mit ihm erfährt, als Kind Gottes, wird sich vor Gott nicht fürchten. Er wird sich selbst wie alle Menschen und die ganze Schöpfung lieben. Wollte Jesus uns das nicht sagen, als er vom Vatergott und seinen Kindern sprach, die sein Wesen, nämlich das Reich Gottes, in sich tragen? Wer in der Tiefenerfahrung steht, der hat nicht einen Gott; der ist Kind Gottes, ist aus Gott geboren.

4. KAPITEL

PERSONALISIERUNG DER ERFAHRUNG

1. ZIEL DER KONTEMPLATION

Ist jemand zu einer Erleuchtungserfahrung durchgestoßen, könnte er meinen, er sei am Ziel der Kontemplation. Es ist nicht so. Zwar neigt man im allgemeinen dazu, mystische Menschen an ihren Ekstasen, Prophetien, Wunderkräften und Visionen zu messen; doch haben die echten Mystiker aller Zeiten und Zonen diesen Begleiterscheinungen kaum Beachtung geschenkt. Sie übergehen sie ganz oder warnen sogar vor ihnen. Auf keinen Fall sind Begleiterscheinungen dieser Art Anzeichen für Tiefe oder Echtheit der Erfahrung. Sofern diese Anspruch auf Echtheit erheben will, muß sie frei und unberührt von all diesen Erscheinungen sein.

Die WOLKE DES NICHTWISSENS spricht in Kapitel 71 von dem, was wohl das Ziel der Kontemplation ist, nämlich die gleichzeitige Erfahrung zweier Bewußtseinszustände. Während diese Erfahrung für manche nur mühsam und selten zu erreichen ist, wird sie anderen als anhaltender Zustand zuteil. Wörtlich heißt es:

> „. . . es gibt Leute, die können nicht ohne zahlreiche und lange geistliche Übungen dazu kommen und dann trotzdem nur selten und obendrein auch nur, wenn unser Herr sie ruft, die Vollendung dieses Werkes zu fühlen: dieser Ruf aber heißt Entrückung. Dagegen gibt es andere, die so mit Gnade und Geist erfüllt und so innig mit Gott in dieser Gnade der Kontemplation verbunden sind, daß sie in normaler seelischer Verfas-

sung dazu kommen, wann sie wollen, ob sie nun stehen oder gehen, sitzen oder knien. Und gleichzeitig bleiben sie all ihrer Sinne vollkommen mächtig, sowohl der leiblichen als auch der geistigen, und sie können diese gebrauchen, wie sie wollen, zwar nicht völlig ohne Behinderung, doch ohne große Behinderung."[1]

Im eigentlichen Zustand der Kontemplation werden beide Bewußtseinszustände gleichzeitig erfahren: der Zustand der Erleuchtung und der des Tagesbewußtseins. Mit anderen Worten: die Erfahrung ist in die Gesamtpersönlichkeit integriert worden. Es gibt keine Trennung mehr zwischen sakral und profan, zwischen vita activa und vita contemplativa. Alles ist sakral. Oder – wem das lieber ist: Nichts ist sakral. Angelus Silesius formulierte das auf seine eigene Art: „Gott tut im Heil'gen all's, was der Heil'ge tut: Gott geht, steht, liegt, schläft, wacht, ißt, trinkt, hat guten Mut."
Eckehart kennzeichnet diesen Zustand noch viel treffender:

> „Ein Mensch gehe übers Feld und spreche sein Gebet und erkenne Gott, oder er sei in der Kirche und erkenne Gott: erkennt er *darum* Gott mehr, weil er an ruhiger Stätte weilt, so kommt das von seiner Unzulänglichkeit her, nicht aber von Gottes wegen; denn Gott ist gleicherweise in allen Dingen und an allen Stätten und ist bereit, sich in gleicher Weise zu geben, soweit es an ihm liegt."[2]

Nach Eckehart ist der Mensch am Ziel, der nicht einmal mehr Stätte für das Wirken Gottes ist, der einfach in sich selbst Gott Gott sein läßt, ohne ihn durch seinen menschlichen Willen zu behindern. Wörtlich sagt er:

> „Nun gebt hier genau acht! Ich habe es (schon) oft gesagt, und große Meister sagen es auch: der Mensch

solle aller Dinge und aller Werke, innerer wie äußerer, so ledig sein, daß er eine eigene Stätte Gottes sein könne. Jetzt aber sagen wir anders. Ist es so, daß der Mensch aller Dinge ledig steht, aller Kreaturen und seiner selbst *und* Gottes, steht es aber noch so mit ihm, daß Gott in ihm eine Stätte zum Wirken findet, so sagen wir: Solange es das noch in dem Menschen gibt, ist der Mensch (noch) nicht arm in der eigentlichsten Armut. Denn Gott strebt für sein Wirken nicht danach, daß der Mensch eine Stätte in sich habe, darin Gott wirken könne; sondern *das* (nur) ist Armut im Geiste, wenn der Mensch *so* ledig Gottes und aller seiner Werke steht, daß Gott, dafern er in der Seele wirken wolle, jeweils *selbst* die Stätte sei, darin er wirken will, – und dies täte er (gewiß) gern. Denn, fände Gott den Menschen *so* arm, so *wirkt* Gott sein eigenes Werk und der Mensch *erleidet* Gott so in sich, und Gott ist eine *eigene* Stätte seiner Werke; der Mensch aber ist ein reiner Gott-Erleider in seinen (d. h. Gottes) Werken angesichts der Tatsache, daß Gott einer ist, der *in sich selbst* wirkt. Allhier in dieser Armut erlangt der Mensch das ewige Sein (wieder), das er gewesen ist und das er jetzt ist und das er ewiglich bleiben wird.“[3]

In bezug auf den menschlichen Willen sagt er mit Nachdruck:

„Solange der Mensch dies noch an sich hat, daß es sein *Wille* ist, den allerliebsten Willen Gottes erfüllen zu *wollen,* so hat ein solcher Mensch nicht die Armut, von der wir sprechen wollen; denn dieser Mensch hat (noch) einen Willen, mit dem er dem Willen Gottes genügen will, und das ist *nicht* rechte Armut. Denn, soll der Mensch wahrhaft Armut haben, so muß er seines geschaffenen Willens so ledig sein, wie er's war, als er (noch) nicht war. Denn ich sage euch bei der

> ewigen Wahrheit: Solange ihr den *Willen* habt, den Willen Gottes zu erfüllen, und Verlangen habt nach der Ewigkeit und nach Gott, solange seid ihr nicht richtig arm. Denn nur das ist ein armer Mensch, der *nichts* will und *nichts* begehrt."[4]

Ganz im Sinne Eckeharts könnte man sagen: Wer nur über Gott nachdenkt und nur an ihn glaubt, nur überzeugt ist, daß er existiert, der „hat" Gott nicht wirklich. Erst der „hat" Gott, der ihn lebt. Je mehr einer aber Gott lebt, umso mehr vergißt er ihn (Vgl. EB IV). Er hat ja auch zu Gott gebetet, daß Gott ihm helfe, seiner, Gottes, ledig zu werden. Das Leben quillt aus seinem eigenen Grund. Es lebt, damit es lebe; es wirkt, damit es wirke. So lehrt Eckehart:

> „Wann die Seele Gott rein nur schaut, da nimmt sie all ihr Wesen und Leben und schöpft, was immer sie ist, aus dem Grunde Gottes: und weiß doch von keinem Wissen, keinem Lieben, noch sonst wovon. Sie gestillet ganz und gar im Wesen Gottes, sie weiß von nichts, als nur mit Gott zu wesen. Sobald sie aber bewußt wird, daß sie Gott schaut und liebt und erkennt, das ist bereits ein Herausschlagen."[5]

Ist Gott wirklich Gott im Menschen, und erfährt sich der Mensch als Manifestation Gottes, dann hat er selbst die Ekstase vergessen. Der wirklich Erleuchtete hat vergessen, daß er erleuchtet ist. Alle mystischen Ambitionen und kontemplativen Konzepte sind ihm entfallen. Er ist Mensch wie einer unter vielen anderen. Er hat seine Erfahrung vergessen. Statt dessen lebt er sie. An Stelle des Redens über seine Erfahrungen handelt und spricht er aus seiner Erfahrung.

2. Martha als Vorbild des Mystikers

Von hier aus läßt sich auch Eckeharts eigenwillige Auslegung des Evangeliums von Maria und Martha verstehen. Der wichtigste Text aus der Predigt 28, die diesem Abschnitt aus dem Lukasevangelium gewidmet ist, spricht vom Verhältnis des Mystikers zu den Dingen:

> „Du stehst *bei* den Dingen, nicht aber stehen die Dinge *in dir*. Die aber stehen sorgenvoll, die in allem ihrem ‚Gewerbe' *behindert* sind. Hingegen stehen die *ohne* Behinderung, die alle ihre Werke nach dem Vorbild des ewigen Lichtes ordnungsgemäß ausrichten. Ein ‚Werk' verrichtet man von außen, ein ‚Gewerbe' hingegen ist es, wenn man sich mit verständnisvoller Umsicht von innen her befleißigt. Und solche Leute stehen *bei* den Dingen und nicht *in* den Dingen. Sie stehen ganz nahe und haben (doch) nicht weniger, als wenn sie dort oben am Umkreis der Ewigkeit stünden."[6]

„Gewerbe" kommt von „gewoben" und hängt zusammen mit „gewirkt". Wessen Leben „von innen her" gleichsam wie in ein Gewebe eingewoben und nach dem „Vorbild des ewigen Lichtes ordnungsgemäß ausgerichtet" verläuft, der steht ohne Behinderung.

Martha ist der Menschentyp, dem diese tiefste Erfahrung eignet und der daher sein „Gewerbe", seine Beschäftigung als Manifestation Gottes erlebt. Gott ist Gott in Martha und in ihren Handlungen.

Nicht die Verzückung ist daher das Entscheidende in der Mystik, sondern das Sehen und Erfahren der inneren Zusammenhänge von Gott, Mensch und Schöpfung im „Gewerbe" der Zeit. Eckehart hat Angst, Maria könnte auf halbem Weg steckenbleiben:

> „Martha fürchtete, daß ihre Schwester im Wohlgefühl und in der Süße stecken bliebe und wünschte, daß sie würde wie sie (selbst).“[7]

Eine zeitweilige Ekstase oder ein Raptus mag eine wichtige Entwicklungsstufe auf dem Weg sein, aber sie sind nicht das Ziel. Wer immer „Gott“ sagt, sagt auch „Welt“. Die Welt ist Abbild Gottes, Ausdruck Gottes. Gott ist nach Eckehart nie ohne Abbild, der Vater nie ohne Sohn. Sohn aber ist nicht nur Jesus Christus, Sohn ist alles, was in ihm erschaffen ist, gesprochen ist von Gott. Schöpfung gehört daher zum Wesen Gottes, und er ist daher nie ohne Schöpfung. Schöpfung ist nach Eckehart nicht nur so alt wie Gott; sie wird auch bestehen, solange Gott „besteht“. Schöpfung, unsere persönliche Existenz und unser Alltag sind nicht etwas, das überwunden werden muß, sondern das transparent werden muß als Manifestation des Göttlichen (Vgl. EB IV). Eckehart drückt es so aus:

> „Die Leute wähnen, mehr zu haben, wenn sie die Dinge zu Gott hinzu haben, als wenn sie Gott ohne die Dinge hätten. Das aber ist unrichtig, denn alle Dinge zu Gott hinzu ist nicht mehr als Gott allein; und wenn einer, der den Sohn hätte und den Vater mit ihm, wähnte, er hätte mehr, als wenn er den Sohn hätte ohne den Vater, so wäre das unrichtig. Denn der Vater *mit* dem Sohne ist nicht mehr als der Sohn allein, und wiederum der Sohn *mit* dem Vater ist nicht mehr als der Vater allein. Darum nimm Gott in allen Dingen, und das ist ein Zeichen dafür, daß er dich als seinen eingeborenen Sohn geboren hat und als nichts weniger.“[8]

Es geht darum, Mensch zu werden, als Sohn geboren zu werden, Gott zu manifestieren hier und jetzt, konform zu sein mit dem Fluß des göttlichen Lebens, das uns und die Dinge hervorbringt. In der rechten Weise, in der Weise Gottes in der Welt sein, das ist das Ziel der Kontemplation.

3. Jungfrau- und Weibsein im Sinne Eckeharts

Nicht immer zeigt sich Eckehart so stark als Mystiker wie in seiner „Bürgleinpredigt“.[9] Hier gebraucht er die Gestalten von Jungfrau und Weib, um das Ziel des mystischen Weges zu erläutern.

„Jungfrau sein“ bedeutet für ihn nichts anderes als eine ungetrübte mystische Erfahrung haben. In ihr werden die Dinge nicht so erfaßt, wie der Verstand sie vorstellt, sondern sie werden als Leben Gottes erfahren. „Jungfrau“ ist daher jener, der frei ist von „Ichbindungen“, von konzeptuellen Vorstellungen und Begriffen. Diese nennt Eckehart „Bilder“. Der Mensch hat viele „Bilder“, die er „zu eigen ergriffen“ hat, die er als seinen intellektuellen Besitz bezeichnet. Letztlich sind alle diese Bilder aus dem empirischen Ich stammende Bindungen an die Dinge. Sie hindern den Menschen, alles Geschöpfliche, einschließlich sich selbst, frei und gelöst in jedem Augenblick als Offenbarung Gottes zu erfahren; sie hindern ihn, „Jungfrau“ zu sein. Hält er etwa an dem Begriff „Baum“ fest, besitzt er „Baum“ als „Bild“ und ist daher gebunden. Er ist keine „Jungfrau“. Er muß frei von dieser Ichbindung werden, denn der Mensch, der „Jungfrau“ ist, ergreift „Baum“ nicht als „Bild“, als intellektuelle Abstraktion. Aus der Direktheit der Tiefenerfahrung erlebt er vielmehr „Baum“ als formgewordenes Leben Gottes, dem der Verstand den Namen „Baum“ gegeben hat. Der Mensch, der „Jungfrau“ ist im Sinne Eckeharts, erlebt sich selbst und alles ihn Umgebende als das kontinuierliche Aufwallen göttlichen Lebens.

Was Eckehart mit „Jungfrausein“ meint, hat eine Legende treffend dargestellt:

> „Eine Tochter kam zu einem Predigerkloster und verlangte nach Meister Eckehart. Der Pförtner sagte: ‚Wen soll ich ihm melden?‘ Sie sprach: ‚Ich weiß es

nicht.‘ Er sagte: ‚Warum wißt Ihr das nicht?‘ Sie sprach: ‚Weil ich weder ein Mädchen bin noch ein Weib noch ein Mann noch eine Frau noch eine Witwe noch eine Jungfrau noch ein Herr noch eine Magd noch ein Knecht.‘ Der Pförtner ging zu Meister Eckehart (und sprach): ‚Kommt heraus zu der wunderlichsten Kreatur, von der ich je hörte, und laßt mich mit Euch gehen und steckt Euren Kopf hinaus und sprecht: ‚Wer verlangt nach mir?‘ Er tat so. Sie sprach zu ihm, wie sie zum Pförtner gesprochen hatte. Er sprach: ‚Liebes Kind, deine Worte sind wahr und schlagfertig: erkläre mir genauer, wie du es meinst.‘ Sie sprach: ‚Wäre ich ein Mädchen, so stünde ich (noch) in meiner ersten Unschuld; wäre ich ein Weib, so würde ich das ewige Wort ohne Unterlaß in meiner Seele gebären; wäre ich ein Mann, so böte ich allen Sünden kräftigen Widerstand; wäre ich eine Frau, so hielte ich meinem lieben, einzigen Gemahl die Treue; wäre ich eine Witwe, so hätte ich ein ständiges Sehnen nach meinem einzigen Geliebten; wäre ich eine Jungfrau, so stünde ich in ehrfürchtigem Dienst; wäre ich ein Herr, so hätte ich Macht über alle göttlichen Tugenden; wäre ich eine Magd, so hielte ich mich Gott und allen Kreaturen demütig unterworfen; und wäre ich ein Knecht, so stünde ich in schwerem Wirken und diente meinem Herrn mit meinem ganzen Willen ohne Widerrede. Von alledem miteinander bin ich keines und bin ein Ding wie ein ander Ding und laufe so dahin.‘ Der Meister ging hin und sagte zu seinen Brüdern: ‚Ich habe den allerlautersten Menschen vernommen, den ich je gefunden habe, wie mich dünkt‘.“[10]

Dieser allerlauterste Mensch nennt nichts mehr sein eigen; er hat alles von Gott. Aber dabei darf er nicht stehenbleiben. Er darf nicht Jungfrau bleiben. Das Empfangen ist nicht letztes

Ziel der Mystik. Der Mensch muß „Weib" werden, d. h. er muß fruchtbar werden auf eine Weise, die die Gaben der Jungfräulichkeit in Dankbarkeit wieder eingebiert in Gott:

> „Daß der Mensch in sich *empfängt,*[11] das ist gut, und in dieser Empfänglichkeit ist er Jungfrau. Daß aber Gott fruchtbar in ihm werde, das ist besser; denn Fruchtbarwerden der Gabe das allein ist Dankbarkeit für die Gabe."[12]

Der jungfräuliche Mensch, der „Weib" ist im Sinne Eckeharts, läßt Gott in sich Gott sein. Gott ist Wirkender und Gewirktes zugleich. Das „Weib" bringt viele Früchte, und die Früchte sind Gottes Früchte, die mitgebärend hervorgebracht werden:

> „Diese Frucht und diese Geburt bringt diese Jungfrau, die ein Weib ist, zustande, und sie bringt alle Tage hundertmal oder tausendmal Frucht, ja unzählige Male, gebärend und fruchtbar werdend aus dem alleredelsten Grunde; noch besser gesagt: fürwahr, aus demselben Grunde, daraus der Vater sein ewiges Wort gebiert, aus dem wird sie fruchtbar mitgebärend . . .
> In dieser Kraft ist Gott ganz so grünend und blühend in aller der Freude und in aller der Ehre, wie er in sich selbst ist . . .
> Denn der ewige Vater gebiert seinen ewigen Sohn in dieser Kraft ohne Unterlaß . . ."[13]

Diese Kraft, die alle Dinge gebiert, zu erfahren und zwar als ewiges „Nun", das ist die richtige Weise, in der Welt zu sein.

„Alle Dinge stehen wesenhaft" in diesem Menschen. „Darum empfängt er nichts Neues von künftigen Dingen . . ., denn er wohnt im Nun, allzeit neu, ohne Unterlaß."[14]

In dem Wissen, daß das Gesagte nicht verstanden, sondern nur erfahren werden kann, bemerkt Eckehart gegen Ende dieser Predigt:

> „Könntet ihr mit meinem Herzen erkennen, so verstündet ihr wohl, was ich sage; denn es ist wahr, und die Wahrheit sagt es selbst.“[15]

4. Die Gleichheit des Bildes lobt seinen Meister

Der mystische Mensch, der Gott in sich Gott sein läßt, kommt ohne Zweifel sehr nahe der Erfüllung der christlichen Lebensbestimmung, die Paulus im Epheserbrief niederlegt: „Wir sind zum Lob seiner Herrlichkeit bestimmt.“ (Eph 1,12). Denn was lobt Gott? Eckehart erwidert ohne Zögern: „Das tut die Gleichheit ... . Die Gleichheit des Bildes lobt seinen Meister wortlos.“[16] Wahrscheinlich hat er dabei Gen 1,27 im Auge: „Gott schuf den Menschen nach seinem Bilde, nach dem Bilde Gottes schuf er ihn.“ Eckehart denkt besonders an ein Spiegelbild. Der Spiegel ändert nichts. Er gibt wieder, was vor ihm steht. Er wirft das Antlitz dessen zurück, der in den Spiegel schaut. Was vom Spiegelbild gilt, bezieht sich in gleicher Weise auf das Werk eines Künstlers. Das Kunstwerk reflektiert das Wesen des Meisters, weil der Meister sich darin ausdrückt. Wollte das Bild anheben, seinen Meister mit Worten zu loben, über seine gelungene Verteilung von Farbe und Formen zu sprechen, dann lobte es ihn bei weitem weniger als durch die ihm eigene Ausdruckskraft seines einfachen „Soseins“. Das Sosein des Bildes, wie es ist, lobt seinen Meister wortlos.
In Anwendung des Gesagten auf das Gebet des Menschen, meint Eckehart daher: „Was man mit Worten zu loben vermag oder mit dem Munde betet, das ist etwas Geringwerti-

ges."[17] Das mündliche Beten erscheint ihm geringer als das Lob, das der Mensch Gott darbringt durch sein „Sosein", durch sein Bild-Gottes-Sein. Gott wird am lautersten Lob und Ehre durch das erwiesen, was der Mensch ist. Eckehart beruft sich dabei auf das Wort Jesu: „Ihr betet, wißt aber nicht, was ihr betet. Es werden noch wahre Beter kommen, die meinen Vater im Geist und in der Wahrheit anbeten." (Joh 4,22). Die wahren Beter lassen Gott in sich beten. „In sich beten lassen" bedeutet aber nicht, daß etwas im Menschen sei, das betet. Vielmehr ist es des Menschen „Sosein", seine als Ausdruck des Göttlichen erlebte Existenz und jede ihrer Tätigkeiten, die Gebet sind. Alle Gebetsworte sind doch letztlich nur Reflexionen über oder gerichtet an das Göttliche, das im Menschen aktiv ist. Sie sind nur ein Stammeln und Stottern. Gott aufscheinen lassen in sich und allen Dingen, Gott aufblühend erleben, das ist die wirkliche Epiphanie Gottes. Gott in sich Gott sein lassen, wie Eckehart sagt:

> „Gott begehrt so sehr danach, daß du deiner kreatürlichen Seinsweise nach aus dir selber ausgehst, als ob seine ganze Seligkeit daran läge. Nun denn, lieber Mensch, was schadet es dir, wenn du Gott vergönnst, daß Gott Gott in dir sei?"[18]

Tauler spricht ähnlich von dieser Art des Lobgebetes:

> „Dieses Gotteslob überragt in unsagbarer Weise die beiden ersten Grade dadurch, daß bei Erkenntnis der unbegreiflichen Würde Gottes (diesem Lobe) von selbst alle Worte und Weisen entfallen, daß dieses Lob versinke und sich selbst entsinke und in Gott verschmelze, so daß er sich selber loben und sich selbst danken muß. Der Mensch, der auf solche Weise sich recht entsinkt, den wird Gott – das ist nicht zu besorgen – nicht auf ewig verlorengehen lassen."[18a]

5. Alle Dinge schmecken nach Gott

Es ist überflüssig zu sagen, daß der kontemplative Mensch ein volles „Ja" zur Schöpfung und zum Menschen spricht. Alles ist gut, so wie es ist. Die Schöpfung ist nicht ein Konstruktionsfehler. Sie kann nur gut sein, wenn Gott sich selber ausdrückt, sich selbst gebiert in allen Dingen. Der kontemplative Mensch ist daher seinsfroh und gibt selbst dem Bösen den rechten Platz. „In jedem Werk, auch im bösen, im Übel der Strafe ebensosehr wie im Übel der Schuld, offenbart sich und erstrahlt Gottes Herrlichkeit."[19]

Ziel der Mystik ist daher der von der Tiefenerfahrung her erlebte und durchdrungene Alltag. Mystik drängt aus diesem Grund den Menschen auch nicht für immer in die Einsamkeit oder hinter Klostermauern. Das empfiehlt sich, oder ist sogar notwendig, für einige Zeit; aber es ist nicht das mystische Ideal, denn das Erfahren der Einheit mit dem göttlichen Leben in der eigenen Tiefe ist erst ein Anfang. Höhepunkt des mystischen Lebens ist dagegen das Erfahren der Einheit mit dem göttlichen Leben in allem Geschöpflichen, in allem Handeln und Planen, auch im intellektuellen Planen und Wirken.

Nur von diesem Standpunkt aus ist auch der Starez zu verstehen, der russische Mönch, der das Kloster verläßt, um den Menschen zu dienen, wenn er einen bestimmten Grad der Vollkommenheit erreicht hat. Denn hat einer alle Grade der mystischen Entwicklung durchlaufen, gibt es für ihn keinen Unterschied mehr zwischen sakral und profan, Kirche und Stall, Kloster und Welt, Gebet und Arbeit, Actio oder Passio, Leid oder Freude. Diesem Menschen ist alles heilig, selbst der Abfall und der Dreck. Und wenn von manchen Heiligen erzählt wird, daß sie die Wunden der Aussätzigen küßten, ist der Grund dafür in der Tiefenerfahrung zu suchen und nicht in einer absonderlichen Aszese (Vgl. EB IV,5). Eckehart lehrt ähnlich:

„Wer Gott so (d. h. im Sein) hat, der nimmt Gott göttlich, und dem leuchtet er in allen Dingen; denn alle Dinge schmecken ihm nach Gott, und Gottes Bild wird ihm aus allen Dingen sichtbar ...
Dieser Mensch findet weit mehr Lob vor Gott, weil er alle Dinge als göttlich und höher erfaßt, denn sie in sich selbst sind. Traun, dazu gehört ... wirkliches Wissen darum, worauf das Gemüt gestellt ist mitten in den Dingen und unter den Leuten. Dies kann der Mensch nicht durch Fliehen lernen, indem er vor den Dingen flüchtet und sich äußerlich in die Einsamkeit kehrt; er muß vielmehr eine innere Einsamkeit lernen, wo und bei wem er auch sei. Er muß lernen, die Dinge zu durchbrechen und seinen Gott *darin* zu ergreifen und den kraftvoll in einer wesenhaften Weise in sich hineinbilden zu können."[20]

Es versteht sich von selbst, daß sich die Kunst, Gott in allen Dingen zu finden, nicht einfach von einem Tag zum andern erlernen läßt. Wie alles im geistlichen Leben so braucht auch die Integration der Erleuchtungserfahrung in die Persönlichkeitsstruktur ihre Zeit. Eckehart vergleicht den langsamen Prozeß mit dem Erlernen der Kunst des Schreibens:

„... zuerst muß er seine Gedanken auf jeden einzelnen Buchstaben richten und sich den sehr fest einprägen. Späterhin, wenn er dann die Kunst beherrscht, so bedarf er der Bildvorstellung und der Überlegung gar nicht mehr, und dann schreibt er frei und unbefangen."[21]

Gott in allen Dingen schmecken heißt das Wesen der Dinge selber schmecken: den Regen im Regen, das Feuer im Feuer, die Erde in der Erde; aber auch die Freude in der Freude und das Leid im Leid und den Tod im Sterben. Das ist wohl die höchste Stufe der mystischen Erfahrung, die letzte Wirklichkeit in den Dingen schmecken, was ja nichts anderes ist, als Gott schmecken (Vgl. EB VI). Es ist alles so wie es ist. Dieses Sosein der Dinge erfahren, das ist die Erfahrung Gottes (Vgl. EB II,7 und 10).

Nichts verweist hier auf ein Später, auf einen Himmel, der sein wird. Himmel ist jetzt, Auferstehung und Wiederkunft sind jetzt, Gott kennt nicht Zeit, nicht Raum.

Wer solche Sprache verächtlich als „Naturmystik“ abtut, verkennt tiefste religiöse Erfahrung, die sich oft in nichtreligiöser Sprache äußert.

5. KAPITEL

WANDEL DER PERSÖNLICHKEIT

1. NEUGLIEDERUNG DER LEBENSWERTE

Unter den ersten Erfahrungen, die manchen auf dem Weg der Kontemplation zuteil werden, sind jene der eigenen Unwürdigkeit und Sündhaftigkeit. Doch stehen dabei im allgemeinen nicht bestimmte begangene Sünden im Vordergrund. Der Mensch erfährt sich vielmehr ganz allgemein als unwürdig. Er ist dem, was er ersehnt und was sich bereits ankündigt, nicht adäquat. Selten liegt hier eine moralische Komponente zugrunde. Der Mensch kommt sich beschmutzt vor, ohne „hochzeitliches Gewand". Er steht vor dem Heiligen, das durchzuleuchten beginnt und jeden Flecken sichtbar macht, das einst Mose befahl, die Schuhe auszuziehen. In der WOLKE DES NICHTWISSENS wird dieser Zustand auch angesprochen:

> „Manchmal kann er keine einzige Sünde auf diesem Nichts aufgezeichnet finden, vielmehr erkennt er, obwohl er nicht genau weiß, wie die Sünde wirklich beschaffen ist, daß sie ein Erdenkloß ist, der aus ihm selbst entspringt."[1]

Diese persönliche Undurchsichtigkeit und Undurchlässigkeit rührt manche zu Tränen. Sie weinen, oder vielleicht besser gesagt: es weint in ihnen. So gibt es auch heute noch das, was in Heiligenbeschreibungen als Gabe der Tränen bezeichnet wird. Statt der äußeren Tränen gibt es aber auch ein inneres Weinen, das noch viel intensiver erfahren wird und eine starke reinigende Kraft besitzt. Ein starkes Verlangen nach

Sühne kann dann im Menschen aufsteigen. Hier hat der geistliche Leiter eine wichtige Aufgabe. Das Sühnependel darf nicht übermäßig ausschlagen, weil es sonst den Fortschritt hemmt und die Erfahrung der Verwandtschaft mit dem Göttlichen verzögert. Der Christ hat hier im Erlöstsein durch Jesus Christus eine hilfreiche Kraftquelle.

Mit dem Bewußtsein der eigenen Unwürdigkeit beginnt sich die persönliche Wertordnung neu zu gliedern. Es kommt zu einer wirklichen Umkehr. Je mehr sich die Erfahrung auf dem kontemplativen Weg vertieft, umso deutlicher wird auch das neue Wertgefüge. Gott erhält nun wirklich die zentrale Stellung, und das Leben wird nach diesem, in Gott zentrierten Wertgefüge gestaltet. Die Umschichtung der Werte führt allerdings nicht selten zu einer neuen Beurteilung persönlicher Handlungen. Was einem vielleicht bis dahin dem Beichtspiegel gemäß als schwere Sünde galt, wird nun anders bewertet. Punkte, die man möglicherweise vorher kaum beachtete, werden nun als wirkliche Schuld empfunden. Es kann sich zeigen, daß die neue Wertskala nicht unbedingt mit jener der Mitmenschen oder der einer religiösen oder kirchlichen Gemeinschaft übereinstimmt. Deshalb ist die Erziehung zur Freiheit des Gewissens so wichtig. Der Mensch wird sonst schuldig, weil er sich an Gebote hält, statt seinem Gewissen zu folgen.

Die dem kontemplativen Menschen erwachsende Freiheit und Unabhängigkeit hat nichts mit spiritueller Anmaßung zu tun, schon gar nicht mit Selbstüberheblichkeit. Durch die Tiefenerfahrung erscheint vielmehr der Weg so klar, daß er mit großer Sicherheit begangen wird (Vgl. EB VI,2). Aus der eigenen Erfahrung werden daher nur schwerlich Konsequenzen für andere gezogen, etwa in der Form von Normen oder Verhaltensweisen. Das ist immer verdächtig, vor allem, wenn es gekoppelt ist mit Prädestinationsgehabe oder esoterischem Getue.

Sünde wird immer klarer als Selbstentfremdung erkannt, als Lebensversuch aus dem vordergründigen Ego. Am Gleichnis vom Vater mit den zwei Söhnen läßt sich der Vorgang in etwa ablesen. Der eine Sohn möchte sein eigener Herr sein. Er hat vergessen, daß er alles vom Vater hat. Das Ego gebärdet sich autonom, es hat vergessen, daß es aus dem wahren Selbst lebt. Es nimmt sich selbst in die Hand, es verwirklicht sich selbst. Aber diese Egoverwirklichung führt nicht zur Selbstfindung, sondern zur Selbstentfremdung, d. h. in die Einsamkeit, Verlorenheit und Sinnlosigkeit.
Hat der Sohn sich vom Vater getrennt, so gleicht er dem Rebzweig, der vom Weinstock abgeschnitten ist. Er bringt keine Frucht. Er gleicht dem vertrockneten Bach, der von der Quelle getrennt ist. Absonderung von der Quelle macht aber lebensfeindlich. Es gilt, das „Unnatürliche“ dieser Loslösung zu erkennen. Die einzelne Sünde ist dann nur noch das Symptom der Absonderung vom wahren Leben. Das Nichtwissen des Menschen um die Quelle des Lebens in seinem Innern ist die Ursünde. Das Egobewußtsein ist wie Schlaf im Vergleich zu jenem Bewußtsein, das im Menschen in der Tiefenerfahrung erwacht. Darum ist echte Bekehrung immer ein Erwachen zu einem neuen Leben. Sie ist eine wirkliche „Metanoia“, eine echte Umkehr.
Das ist alles nur schwer eingängig. Es fällt auch nicht leicht, sich selbst einzugestehen, daß die Deutung unserer Existenz und der Welt aus der Ratio allein nicht möglich ist. Es widerstrebt einem, die Möglichkeit einer Erleuchtungserfahrung anzunehmen, die für die rationalen Fähigkeiten unerreichbare Wahrheiten vermittelt. Das Annehmen und Zugeben dieser Möglichkeit ist aber Voraussetzung für die Bekehrung, für die Umkehr zur Quelle, zum Ursprung. Bekehrung ist Abkehr vom alten Adam hin zum neuen Menschen, der aus Gott geboren ist.

Das wahre Selbst ist Leben Gottes. Heilige und Sünder haben die gleiche Mitte. Der Unterschied zwischen beiden liegt darin, daß der Heilige sein Leben aus der göttlichen Mitte heraus zu gestalten versucht, während der Sünder aus dem Begehren seines Ego lebt. Fehlt aber dem Menschen die Gottbezogenheit, dann ist er abgesondert von seiner wahren Mitte. Er hat das Göttliche in sich dem Ego untergeordnet, oder – was die eigentliche Ursünde ist – er hat sich verloren in seinem Ego.

Bekehrung bringt Heilung aus dem Heil des Ursprungs (Vgl. EB V). Dieses Ursprungs innezuwerden und daraus zu leben, das ist die Fülle des Lebens. Heil sein und heilig sein kommen aus dem gleichen Wortstamm. Ist uns das klar geworden, werden wir wieder heilig sein wollen. Denn wer möchte nicht heil sein? Heiligkeit ist nicht der unerreichbare Status eines verschrobenen Vorfahren; es kann der Status des normalen Menschen sein.

Heilig sein bedeutet auch immer heil sein für andere, so wie Berufung eines Menschen immer auch Berufung für andere ist. Je mehr ein Mensch das Göttliche manifestiert, umso mehr positive Kräfte gehen von ihm aus.

Aber es gilt auch das Umgekehrte: je ferner ein Mensch dem göttlichen Ursprung steht, umso stärker sind auch die negativen Impulse, die von ihm ausgehen. Ursache und Wirkung gibt es nicht nur im physischen Bereich, sondern auch auf geistiger Ebene.

3. Reinigung der Sinne und des Geistes

Die Kontemplation führt unweigerlich auch in eine Auseinandersetzung mit den dunklen Räumen in unserem Innern. Wohl jeder wird dem Chaotischen und Zerstörerischen in sich begegnen. Es ist eine Begegnung mit dem, was die Psychologie den Schatten nennt. Der Weg der Reinigung der Sinne und des Geistes ist ein Prozeß, der in die letzten Räume unserer Psyche führt. Es ist entscheidend, daß der Mensch das Bösartige in sich annimmt. Annahme führt in Richtung Befreiung. Sehr bald erfährt man, daß man zu dieser letzten Reinigung nichts beitragen kann. Daher nennt sie die Mystik „passive Reinigung". Gott ist jetzt die reinigende Kraft. Die passive Reinigung vollendet den Prozeß der Befreiung von der Egozentrierung. Nicht wenige erleben diese Reinigung des Ego tatsächlich wie ein Ausgebranntwerden durch Feuer. Es ist jene passive Reinigung, bei der es nur ein Stillhalten gibt. Ein anderer ist am Werk. Auch Eckehart spricht von diesem Feuer:

> „. . . das Feuerwerden geschieht mit Widerstreit, mit Ach und Weh, als ein unruhvolles Treiben innerhalb der Zeit, die vollzogene Geburt aber des Feuers ist Lust und Freude sonder Zeit und Ferne."[2]

Der Weg zur Erleuchtung scheint nirgends mit Selbsterlösung zu tun zu haben. Spätestens wenn der Mensch in diese Phase eintritt, erfährt er, daß es ein anderer ist, der ihn reinigt. Es kommt zu einem Sterben, das furchtbarer sein kann als der leibliche Tod. Es geht um die Befreiung von jeglicher Ichverhaftung. Aber das Ego sträubt sich bis zum letzten. Der Mensch hängt im wahrsten Sinne des Wortes zwischen Himmel und Erde. Er ist verwirrt. Die Freuden des Alltags geben ihm keine Befriedigung mehr. Die Freude der Erleuchtungserfahrung ist ihm versagt. Das Unendliche lockt; er kann nicht mehr zurück; er hat gleichsam ein Stück Geschöpflichkeit aufgegeben, fühlt sich aber von Gott noch nicht ganz gehalten. Das ist die Gottverlassenheit, von der viele Heilige sprechen. Alles, was der Mensch jetzt tun kann, ist stillhalten, sich in der Kontemplation dem Schauen ins nackte Sein, der reinigenden Kraft aussetzen. Die Erleuchtungserfahrung ist im Grunde ein Läuterungsprozeß, der in die tiefsten Bewußtseinsschichten hinabreicht. Anfänglich sind die Erleuchtungserfahrungen noch begleitet von sinnlichen Störungen, von Gefühlen, Eingebungen und Visionen. Erst wenn alle diese Begleiterscheinungen wegfallen, ist der Reinigungsprozeß abgeschlossen. Nur wenige Menschen gelangen bis zu diesem Ziel. Der Mensch vergißt dann, daß er erleuchtet ist. Er ist wie einer unter vielen, von andern nicht selten als „Tor" angesehen.

Kontemplation wandelt die Persönlichkeit vom Kern her. Aus diesem freigelegten Persönlichkeitskern kommen andere Wünsche und Verhaltensweisen. Wer wirklich „bekehrt" ist, d. h. aus der göttlichen Mitte heraus lebt, kann nicht sündigen. Der Mensch vermag nicht mehr anders als gemäß seiner Einsicht zu handeln. Eckehart beschreibt dieses innere Genötigtsein zum rechten Handeln:

> „Solange du irgend etwas vermagst, das wider Gott und wider sein Gebot ist, solange hast du die Gottesliebe nicht; du magst die Welt wohl betrügen, als habest du sie. Der Mensch, der da in Gottes Willen steht und in Gottes Liebe, dem ist es lustvoll, alles das zu tun, was Gott lieb ist, und alles das zu lassen, was wider Gott ist; und ihm ist's ebenso unmöglich, irgend etwas zu unterlassen, was Gott getan haben will, wie irgend etwas zu tun, was wider Gott ist."[3]

4. Aszese und Kontemplation

Der Persönlichkeitswandel, von dem in diesem Kapitel die Rede ist, macht sich auch in einer neuen Haltung zur Aszese bemerkbar. Schlägt man alte Heiligengeschichten auf, begegnet man dem Wort „Abtötung" auf Schritt und Tritt. Es wird von Fasten, Schlafentzug, Bußgewändern und Geißelungen gesprochen. Heute weiß man, daß auch in diesen Dingen das rechte Maß besser ist als Übertreibungen. Haben doch manche dieser Übungen die Sinne mehr gereizt als beruhigt. Selbstverleugnung und Abtötung haben als Ziel, das vordergründige Ego zurückzunehmen. Aszese soll alles aus dem Weg räumen, was hinderlich ist, unser Bewußtsein zu sammeln und auf Gott hin auszurichten. Alle Religionen kennen daher ein bestimmtes Maß von Aszese. Auch Armut, Ehelosigkeit und Gehorsam, die Inhalt der Ordensgelübde sind, sollen helfen, innerlich frei zu machen. Werden sie zum Selbstzweck, haben sie ihr Ziel verfehlt. Aszetische Übertreibungen lassen sich oft auf eine Verachtung des Körpers zurückführen.

Der Verzicht an sich und der damit verbundene Schmerz sind nicht das Ziel. Entscheidend und wichtig ist immer nur eines: das Loslösen, die innere Freiheit. Man muß lernen zu besitzen, als besäße man nicht.

Man erzählt von einem Meister, der seinem Schüler nahelegte, er möge sich das Rauchen abgewöhnen. Als der Schüler ihm nach einem Jahr freudestrahlend berichten konnte, daß er nicht mehr rauche, bot ihm der Meister eine Zigarette an. Entsetzt wehrte der Schüler ab. Der Meister indessen belehrte ihn, daß er ruhig rauchen könne, sofern er nur innerlich frei davon sei und seiner Gesundheit nicht schade.

Die eigentliche Aszese ist eine Übung des Geistes. Da man zur letzten Wahrheit nur gelangen kann, wenn der rastlose Geist so ruhig und klar wie stehendes Wasser geworden ist, übt man Aszese, um die Wellen des Geistes zum Stillstand zu bringen. Im christlichen Kontext nannte man diesen Weg den „Wandel vor Gott". Innerlichkeit und Vereinheitlichung des Bewußtseins sind notwendige Voraussetzungen zum Fortschritt auf dem geistlichen Weg. Ist das Innere ganz auf die Erreichung eines Zieles ausgerichtet, dann schwinden bestimmte Interessen. Wer liebt, ist ausgerichtet auf den Geliebten; wer dürstet, ist ausgerichtet auf Wasser; wer Heimweh hat, denkt nur an die Heimat, und alles andere tritt in den Hintergrund. Es zählt nicht mehr. Und sollte etwas hin-

dernd im Weg stehen, wird es mit letzter Kraft überwunden. Zu solchen Hindernissen können Beziehungen zu Menschen, Liebhabereien oder bestimmte Gegenstände gehören, die in sich schätzenswert sind. Für den eingeschlagenen Weg sind sie bedeutungslos. Dem beobachtenden Außenseiter mag solche Loslösung wie harte Aszese vorkommen. Für den auf dem Weg Fortgeschrittenen ist es aber ein schmerzloses Zurücklassen von Dingen, die nur Ballast bedeuten. Es geht also weder um Weltverachtung noch um Selbstgeißelung.
Sogar die Beziehungen zu Mitgliedern des engsten Familienkreises können sich ändern. Eine Mutter könnte etwa erschrocken feststellen, daß sie ihre Kinder und ihren Mann nicht mehr so liebt wie früher. Auch die flachen Formen der Liebe verblassen, wenn man sich dem angestrebten Ziele nähert. Später zeigt sich gewöhnlich, daß der vermeintliche Rückgang der Liebe nur eine Durchgangsphase war, aus der die Liebesbeziehung um vieles gereinigter hervorging. Die Beziehungen zu anderen Menschen werden auf eine ähnliche, wenn nicht gleiche Höhe angehoben. Man hört dann oft die Bemerkung: „Eigentlich liebe ich jetzt alle Menschen gleich."
Vom Essen gilt prinzipiell das gleiche. Fasten mag zu bestimmten Zeiten gut sein, doch ist mäßiges Essen im allgemeinen vorzuziehen.
Die aszetische Übung kommt jedoch nicht aus den quälenden Gedanken „Ich muß mich ändern" oder „Ich muß besser werden". Der Wille zur Änderung entspringt aus der sich im Innern vollziehenden Umschichtung der Werte. Der Anfang kann allerdings sehr schwer sein. Es kann zu einem wahren Sich-Losreißen von Hindernissen kommen. So muß man sich etwa entscheiden, ob man den Abend in Gesellschaft, im Kino, beim Fernsehen oder in der Gebetsübung der Kontemplation verbringen will. Je mehr man allerdings in der Kontemplation selbst Erfüllung findet, umso leichter fällt dann eine Entscheidung. Begehren und Wollen ändern sich, weil sich der Persönlichkeitskern wandelt.

Wer erfährt, daß alles Leben Gottes ist, hat einen neuen Standort für das, was Christen Nächstenliebe nennen. Das Wort Christi: „Liebe deinen Nächsten wie dich selbst“ ist mehr als eine ethische Aufforderung, ist viel mehr als ein Gebot. Es ist eine neue Weise, die Welt zu sehen. Hat man die Schöpfung als eins mit Gott erfahren, dann ist Nächstenliebe Selbstliebe, und Selbstliebe ist Nächstenliebe.
Die Welt als Eines zu sehen, das ist die Voraussetzung für die rechte Nächstenliebe. Eckehart macht darauf aufmerksam:

> „‚Gott sprach Eines, und ich hörte Zwei.‘ (Ps 61,12) Das ist wahr: Gott sprach stets nur Eines. Sein Spruch ist nur einer. In diesem *einen* Spruche spricht er seinen Sohn und zugleich den Heiligen Geist und alle Kreaturen, und es gibt (doch) nur *einen* Spruch in Gott. Der Prophet aber sagt: ‚Ich hörte Zwei‘, das heißt: Ich vernahm Gott *und* Kreatur. Da, wo Gott es (die Kreaturen) *spricht,* da ist es Gott; hier (in Raum und Zeit) aber ist es Kreatur. Die Leute wähnen, Gott sei nur *dort* (bei seiner historischen Menschwerdung) Mensch geworden. Dem ist nicht so, denn Gott ist *hier* (an dieser Stelle hier) ebenso Mensch geworden wie dort, und er ist aus *dem* Grunde Mensch geworden, daß er *dich* als seinen eingeborenen Sohn gebäre und als nicht geringer.“[4]

Wer diese Ganzheitsschau der Welt besitzt, weiß sich nicht nur eins mit allen Dingen; er erfährt sich auch als eins mit den Dingen, vor allem aber als eins mit dem Mitmenschen. Der andere ist ihm der Ausdruck des gleichen göttlichen Lebens. Der andere wird als eins mit dem eigenen Leben erfahren (Vgl. EB II, 20 und 31). Sein Leben und das eigene Leben sind eins in dem einen Leben, das unteilbar ist; es ist Gott und Mensch und alle Kreatur.

Weil alles als Leben Gottes erfahren wird, wandelt sich im kontemplativen Menschen auch das Verantwortungsbewußtsein im spirituellen und missionarischen Bereich. Die Mitarbeit im Erlösungswerk Christi wird von der Einheit allen Lebens her gesehen. Nichts ändert die Welt mehr, als wenn der Mensch sich selbst ändert. Handelt er aus der Erfahrung der Einheit göttlichen Lebens, oder besser gesagt: läßt er „Gott in sich Gott sein", leistet er Gottes Wirken keinen Widerstand und kann so am meisten für die Welt tun. Damit ist aber nicht gemeint, daß Gott durch den Kontemplativen irgendwelche außerordentlichen Taten vollbringen würde. Der Wert der Tat und ihr erlösender Effekt auf die Welt liegt im geschöpflichen Sosein des Menschen. Er ist Ausdruck des Göttlichen und kann nichts besseres tun, als ein möglichst reiner Ausdruck zu sein. Je weniger er mit seinem empirischen Ego interveniert desto besser. Seine Miterlöserfunktion erfüllt sich in den kleinen Selbstverständlichkeiten des Alltags so gut wie in großen Entscheidungen.
Man könnte weiterfahren und sagen, daß man die Schöpfung miterlöst, indem man sie schöpfungsgerecht behandelt. Der Mensch behandelt Wasser wassergerecht, indem er es gemäß seinen vielfältigen Funktionen verwendet, es aber weder verschwendet noch unnötig verschmutzt. Elektrischen Strom behandelt er stromgerecht, indem er ihn sich dienstbar macht, ihn aber abschaltet, wenn gerechte Bedürfnisse erfüllt sind. Sein Verantwortungsbewußtsein zeigt sich bei der Betätigung des Lichtschalters und Gashahns. Er wird nicht verschwenderisch mit den Energien umgehen. Er wird auch nicht mehr essen als notwendig ist. Von hier ist der Schritt zum „einfachen Leben" nicht weit. Man beansprucht dann nicht mehr für sich selbst, als man wirklich braucht. Das ist, wie wir heute wissen, die einfachste und durchschlagendste Form, den Armen hier und in den Entwicklungsländern zu helfen.
Um Mißverständnisse zu vermeiden, sei noch einmal darauf hingewiesen, daß auch der Intellekt Ausdruck des Göttlichen ist und daß daher der Mensch seinen Verstand verstandes-

gemäß planend und rechnend einsetzen wird im persönlichen Alltag und bei der Änderung ungerechter sozialer, politischer und ökonomischer Weltstrukturen. Der Verstand, durchleuchtet von der Erfahrung göttlichen Lebens, agiert anders als der Verstand, der aus dem Ego gespeist wird.
Die Folgerungen, die sich aus einer solchen Weltsicht ergeben, sind radikal. Eckehart sagt einmal, daß die Zunge klagt, wenn auf den Fuß getreten wird. Und so wird der kontemplative Mensch aufschreien – um das Beispiel auf die gegenwärtige Weltsituation zu übertragen – über die Ungerechtigkeit, die den Armen, den Minderheiten und den politisch Andersdenkenden angetan wird. Eckehart lehrt:

> „Liebe Gott über alle Dinge und deinen Nächsten wie dich selbst! (Matth 22,37), und dies ist ein Gebot von Gott. Ich aber sage, daß es nicht nur ein Gebot sei, sondern, daß Gott es geschenkt und zu schenken gelobt hat. Wenn du hundert Mark bei dir mehr liebst als bei einem andern, so ist das unrecht. Hast du einen Menschen lieber als einen andern, so ist das unrecht. Und hast du deinen Vater und deine Mutter und dich selbst lieber als einen andern Menschen, so ist das unrecht. Und hast du die Seligkeit in dir lieber als in einem andern, so ist das unrecht . . . Liebst du die Seligkeit in dir mehr als in einem andern, so liebst du dich selbst, und wo du dich liebst, da ist nicht Gott deine reine Liebe, und das ist unrecht."[5]

Gelänge es, den Menschen von der Erfahrung des Göttlichen her zu dieser Weltsicht zu führen, dann wäre die Lösung internationaler sozialer und ökonomischer Probleme nicht schwer. Deswegen geht es dem kontemplativen Menschen zuerst und zuletzt darum, den Mitmenschen diese spirituelle Grundlage der Verantwortung für seinen Nächsten zu vermitteln. Fehlt dem Sozialreformer diese Basis, behandelt er Symptome; das gilt auch – und vor allem – von jedem kirchlichen Sozialengagement. Geht er aber von dieser Voraussetzung aus, dann wird er schwerlich Gewalt anwenden, um soziale Rechte durchzusetzen. Es drängt den kontemplativen Menschen mehr, die Kurzsichtigkeit auf der Seite der Unterdrücker aufzudecken, zu versuchen, sie zu einer inneren Umkehr zu bringen, als Gewalt gegen sie anzuwenden. Auch dieser andere, der Feind, wird als das gleiche Leben Gottes erfahren. Nur von hier aus sind die Worte Jesu zu verstehen: „Liebet eure Feinde. Tut Gutes denen, die euch hassen." Man liebt sich selbst, wenn man die Feinde liebt.

Um das wirklich zu können, muß man sein wahres Selbst gefunden haben. Der Mensch muß in seinen „einfältigen Grund gelugt" haben, wie Eckehart sagt. Während das Ego eine egozentrierende Tendenz hat, öffnet das wahre Selbst für die Umwelt. Es relativiert die Subjekt-Objekt-Spaltung und hebt sie schließlich ganz auf. Nächstenliebe, Rücksichtnahme, Gerechtigkeitssinn und echtes Mitgefühl dominieren. Das Selbst verwirklicht sich und nicht das vordergründige Ego. Das ist ein langwieriger Prozeß. Eckehart weiß darum:

> „Ich sage ein Weiteres und ein Schweres: Wer unmittelbar in der Bloßheit dieser Natur stehen will, der muß allem Personhaften entgangen sein, so daß er dem Menschen, der jenseits des Meeres ist, den er mit Augen nie gesehen hat, ebensowohl Gutes gönne wie dem Menschen, der bei ihm ist und sein vertrauter Freund ist. Solange du deiner Person mehr Gutes gönnst als dem Menschen, den du nie gesehen hast, so steht es wahrlich unrecht mit dir, und du hast noch nie nur einen Augenblick lang in diesen einfältigen Grund gelugt. Du magst aber wohl in einem abgezogenen Bilde die Wahrheit wie in einem Gleichnis gesehen haben: das Beste aber war es nicht."[6]

Wovon Eckehart hier redet, ist weit mehr als nur eine ethische Forderung. Er spricht vom Bewußtseinszustand des kontemplativen Menschen. In ihm ist die Subjekt-Objekt-Spaltung überwunden. Die Erfahrung der Einheit des Lebens dominiert.

6. Kontemplation als Gebet ohne Worte

Viele Abhandlungen und Bücher sind über das Gebet geschrieben worden. Das in diesem Kapitel Gesagte soll sie weder überflüssig machen, noch gegen sie gerichtet sein. Hier geht es vielmehr um die Form des kontemplativen Gebetes, die sich auf einer bestimmten religiösen Ebene ergibt. Schon unter „Gebet der Ruhe“ und „Schauen in das nackte Sein“ ist vom Beten ohne Worte gesprochen worden. Beten ist mehr als an Gott denken. An Gott denken ist nicht einmal Schatten wirklichen Betens. Mit seinem Intellekt kommt man nicht weit. Der Mensch besitzt viel geeignetere Fähigkeiten, Gott auf umfassendere Weise in den tieferen Schichten seines Seins zu erfahren. So versichert Eckehart:

> „Dieses wahrhafte Haben Gottes liegt am Gemüt und an einem innigen, geistigen Sich-Hinwenden und Streben zu Gott, nicht (dagegen) an einem beständigen, gleichmäßigen Darandenken; denn das wäre der Natur unmöglich zu erstreben und sehr schwer und zudem nicht das Allerbeste. Der Mensch soll sich nicht genügen lassen an einem *gedachten* Gott; denn wenn der Gedanke vergeht, so vergeht auch der Gott. Man soll vielmehr einen *wesenhaften* Gott haben, der weit erhaben ist über die Gedanken des Menschen und aller Kreatur.“[7]

Worte sind dann nur noch Andeutung oder Hinweis auf das, was rational nicht faßbar ist.

Gebet ist dann nicht mehr „Reden mit Gott“, es wird mehr und mehr zu einem Ruhen in Gott (Vgl. EB VI,8 und 9). Es gibt dann weder einen, der spricht, noch einen, zu dem gesprochen wird. Gebet ist dann Einssein mit Gott und in ihm mit allem, was existiert. Der Erlebende ist zum Erleben geworden. Alle inneren und äußeren Dialoge verschwinden. Diese Ebene ragt hinaus über Subjekt und Objekt, gestern und morgen, Frustration und Euphorie, obwohl sie Urgrund auch all dieser Lebensäußerungen ist. Über diese Art des Betens schreibt Augustine Baker:

> „So geschieht es, daß Seelen mit dieser starken Neigung zum innerlichen Leben manchmal weder die Betrachtung der Menschheit unseres Erlösers lieben und sich dabei aufhalten, noch Gebete zu den Heiligen verrichten, noch ausdrücklich der Toten gedenken, noch anderen besonderen Übungen sich widmen, die notwendigerweise den Gebrauch körperlicher Bilder voraussetzen. Eine Seele, die durch die Übung der Einfachheit einen gewissen geistlichen Zustand erreicht hat, wird alle solche Übungen vielleicht am Anfang ihres Weges als Hilfe gebrauchen, aber sie wird nicht bei ihnen verweilen, sondern die gerufenen Bilder alsbald überwinden und in die einfache Gottheit eintreten. Das meinte ja auch unser Erlöser, als er sagte: ‚Wenn ich nicht von euch gehe, kann der Tröster nicht zu euch kommen.‘ (Joh 16,7)“[8]

Auch Eckehart kommt immer wieder auf diese Form des Gebetes zurück:

> „Was ist das abgeschiedene Herzensgebet? Ich antworte: Abgeschiedenheit und Lauterkeit kann nicht bitten; denn wer bittet, der begehrt etwas. Nun begehrt aber das abgeschiedene Herz nach nichts und hat auch nichts, dessen es gern ledig wäre; darum so

steht es ledig allen (Bitt-)Gebetes. Denn sein Gebet ist nichts anderes, als mit Gott einförmig sein. Und wenn die Seele dazu kommt, dann verliert sie ihren Namen und ziehet Gott in sich, daß sie in sich selber zunichte wird, so wie die Sonne das Morgenrot in sich zieht, daß es zunichte wird.“[9]

Der kontemplative Mensch gelangt immer wieder an die Grenze jeglicher Vorstellung und Verbalisation. Für das Erfahrene gibt es kein Wort, keinen Begriff, keinen Namen, weil es namenlos ist. Was bleibt, ist die Erfahrung der Urkraft selbst, die letzte Wirklichkeit ist. Sie ist leer und doch Quelle und Ausgangspunkt alles Seienden. Sie hat keine Form und gibt doch allem Form. Man kann diese Kraft „Gott“ nennen, aber dann hat man ihr nur einen Namen gegeben.
Beten heißt, eins werden mit dem göttlichen Leben, das weder Anfang noch Ende, Innen noch Außen, weder Zeit noch Ort kennt. Beten ist Eingehen in dieses Leben, das vom Verstand nicht ausgeschöpft, noch von der Logik erfaßt werden kann, obwohl es Quelle des Verstandes ist. Leib und Sinne sind davon getrennt – und sind es doch nicht. Es liegt jenseits des Seienden – und ist doch nicht ohne das Seiende. Beten ist Erfahren dieses Lebens in allem, was lebt.

7. Bittgebet und Kontemplation

In bezug auf das Bittgebet sagt Eckehart sehr deutlich:

„Die Leute sagen oft zu mir: ‚Bittet für mich!‘ Dann denke ich: ‚Warum geht ihr aus? Warum bleibt ihr nicht in euch selbst und greift in euer eigenes Gut? Ihr tragt doch alle Wahrheit wesenhaft in euch‘.“[9a]

An anderer Stelle geht er zur letztmöglichen Konsequenz:

> „Was irgend etwas vom anderen begehrt, das ist ‚Knecht‘, und was da lohnt, das ist ‚Herr‘. Ich dachte neulich darüber nach, ob ich von Gott etwas nehmen oder begehren wollte. Ich will es mir sehr wohl überlegen, denn wenn ich von Gott etwas nehmen würde, so wäre ich unter Gott wie ein Knecht und er im Geben wie ein Herr. So aber soll es mit uns nicht sein im ewigen Leben.“[9b]

Eckehart drängt, in das eigene Gut zu greifen. Gott lebt im Menschen. Ist der Mensch eins mit Gott geworden, braucht er um nichts mehr zu bitten (Vgl. EB II,28). Zu ihm hat der Vater gesagt: „Mein Kind, du bist immer bei mir, und alles, was ich habe, gehört auch dir.“ (Lk 15,31) So sagt auch Seraphim von Sarow, ein russischer Starez, einmal: „Gewinnt den Frieden Gottes in euch und Tausende sind gerettet.“ Was im Leben eines Menschen vor sich geht, geschieht für alle Menschen. Eines Tages wird offenbar werden, wer mehr zum Wohl der Menschheit beigetragen hat, der Politiker, der Sozialreformer oder ein auf diese Weise betender Mensch.
Die Energien, die durch die Kontemplation, durch die Erfahrung und Bewußtwerdung des Göttlichen in uns, entbunden werden, sind wirksam für alle Menschen. Je mehr der Mensch zur Erfahrung dieses Göttlichen in der eigenen Tiefe gelangt, umso größer wird die heilende Wirkung auf die gesamte Schöpfung, „denn die ganze Schöpfung wartet sehnsüchtig auf das Offenbarwerden der Söhne Gottes.“ (Röm 8,19)
Jesus hat uns nichts über Art und Inhalt seines eigenen Betens hinterlassen. Aber wir dürfen wohl annehmen, daß es ein Erfahren des Einsseins mit dem Vater war. Die Schrift sagt, daß er die ganze Nacht betete. Danach stieg er vom Berg herab, und es ging eine Kraft von ihm aus, die alle heilte (Vgl. Lk 6,12 und 19). Beten ohne Worte und Bilder ist

radikale Gleichförmigkeit mit dem Willen Gottes. Es geschieht alles so wie es geschieht – wie Gott es geschehen läßt. Darum rät Eckehart:

> „Ein Mensch soll *nichts* suchen, weder Erkennen noch Wissen noch Innerlichkeit noch Andacht noch Ruhe, sondern einzig Gottes Willen. Die Seele, die so ist, wie sie von Rechts wegen sein soll, die begehrt nicht danach, daß Gott ihr seine ganze Gottheit hingebe, und sie würde auch dadurch ebensowenig getröstet, wie wenn er ihr eine Mücke gäbe. Die Erkenntnis Gottes unter Ausschluß des Willens Gottes ist nichts. *In* Gottes Willen *sind* alle Dinge und sind *etwas,* sind Gott wohlgefällig und sind vollkommen; außerhalb des Willens Gottes (hingegen) sind alle Dinge *nichts* und gefallen Gott *nicht* und sind unvollkommen. Ein Mensch sollte um Vergängliches nimmer bitten; will er aber um etwas bitten, so soll er einzig um Gottes Willen bitten und um sonst nichts, so wird ihm alles zuteil. Bittet er (hingegen) um irgend etwas anderes, so wird ihm nichts zuteil. In Gott ist nichts als Eines, und das Eine ist unteilbar. Wenn man aber etwas anderes als Eines nimmt, dann ist es Teilbares und nicht das Eine. Gott ist Eines, und wenn man nach sonst noch etwas sucht und strebt, dann ist es nicht Gott, es ist vielmehr Teilbares.“[10]

8. Glaube und Kontemplation

Kontemplation hat auch auf den Glauben einen wandelnden Einfluß. Das religiöse Leben beginnt mit Gott als Gegenüber. Der Mensch erfährt sich als unerlöst, unvollkommen, sündig und elend und wendet sich in diesem Zustand hilfe-

und schutzsuchend an einen intuitiv erspürten Stärkeren und Besseren. Er wendet sich an ein transzendentes Wesen, das außerhalb dieser menschlichen Grundbefindlichkeit steht, und zwar mit dem Verlangen, sich das Wohlwollen dieses Wesens zu sichern, ja, möglichst eins mit ihm zu werden. Diese fundamentale menschliche Sehnsucht liegt in allen Kulturen an der Wurzel religiöser Zeremonien und Riten. Religiös begabte Menschen gelangten zu einer Erleuchtung, verbalisierten ihre Erfahrung, und so kam es zu Lehr- und Glaubenssätzen. Dogmen sind daher letztlich nichts anderes als Formulierungen, denen die Erfahrung tiefreligiöser Menschen zugrunde liegt. Gott offenbart sich Menschen, und die Erfahrung wird in Mythen ausgedrückt und in Symbolen dargestellt. So beschreitet der Gläubige seinen Weg aufgrund der Erfahrung anderer.

Dem christlichen Glauben liegt die Erleuchtungserfahrung Jesu zugrunde. Wie anders sollte sich die letzte Wirklichkeit offenbaren als in einer Erleuchtung? Wie anders sollte sich Jesus als Sohn Gottes gewußt haben als aus einer Erleuchtung? Die Jünger wiederum haben das Selbstverständnis Jesu erfahren. Auf ihrem Erfahrungszeugnis gründet unser Glaube. Die Urgemeinden formulierten die Erfahrung der Jünger und haben sie schriftlich in Form von Evangelien niedergelegt. Glaubenssätze sind formulierte Erfahrung. Offenbarung ist formulierte Erfahrung.

Glaubensformulierungen drücken immer die erfahrene Wahrheit in kulturbedingten Bildern und Konzepten aus; sie sind aber in ihrem Symbolcharakter nicht die Wahrheit selbst. In anderen Worten: hinter den Formulierungen steht viel mehr als sich in Worten ausdrücken läßt. Sie sind Schale, die den Kern umschließt. Wer zum Kern vordringen will, muß die Schale zerbrechen, d. h. er muß versuchen, über die Formulierungen hinaus zu einer Glaubenserfahrung zu kommen. Wirklicher Glaube ist etwas, das von innen kommt. Er ist mehr als intellektuelles Wissen. Er ist immer auf die eine oder andere Art Erfahrung. Den Menschen zu dieser Erfah-

rung, die letztlich Vereinigung mit Gott ist, zu führen, ist Ziel aller Religionen.
Der Mensch ist nach dem Bilde Gottes geschaffen; er ist „Kind Gottes“; das „Reich Gottes“ ist in ihm. Darin besteht die Botschaft Jesu, das ist der Inhalt seiner Verkündigung: „Ich bin gekommen, damit sie das Leben haben und es in Fülle haben.“ (Joh 10,10)
„Das Reich Gottes ist in euch“, sucht nicht von außen her in dieses Reich einzutreten. Dort, in eurem Innern, werdet ihr Eingang finden in das Reich Gottes, in die Fülle der Freiheit und des Lebens. So sagt Eckehart:

> „Man soll Gott nicht außerhalb von einem selbst erfassen und ansehen, sondern als mein Eigen und als das, was *in* einem ist . . .
> Manche einfältigen Leute wähnen, sie sollten Gott (so) sehen, als stünde er dort und sie hier. Dem ist nicht so. Gott und ich, wir sind *eins.*“[11]

Daß der Mensch an seinen göttlichen Ursprung glaube, an das Leben, das sowohl in Gott als auch im Menschen west, das ist der Kern der biblischen Botschaft. Darum muß der Mensch wiedergeboren werden. Es gilt, diesen Zusammenhang zu erkennen, diese Wahrheit zu erfassen und zur Erfahrung dieses Lebens durchzustoßen. Dann erst können wir wirklich Menschen sein, Menschen, die sich von Gott her verstehen. Der zum Leben Erwachte ist die Neuschöpfung, von der Paulus spricht. Einer, der dieses Leben nicht wenigstens im Glauben erfahren kann, bleibt um sein eigentliches Menschsein betrogen. Er bleibt im Vorfeld des Menschlichen stecken. Sich selbst als Manifestation göttlichen Lebens wissen, das ist die Seinsdimension, die Gott dem Menschen zugedacht hat.
Die Einswerdung des Anbetenden mit dem Angebeteten, die Erfahrung des Einsseins mit Gott, ist zugleich Ziel und Höhepunkt allen religiösen Lebens, aller Formen des Gebetes, aller Riten und Dogmen.

6. KAPITEL

GOTT, DER EINFALTIGE – GOTT, DER VIELFALTIGE

1. Die Dynamik des göttlichen Lebens

Gewandelter Glaube sieht göttliches Leben dynamisch. Ununterbrochen drängt es zu weiterer Entfaltung, auch im Menschen selbst. Zeitlich mag dieser Evolutionsprozeß sich über Jahrhunderte hinziehen, aber das ändert nichts an der Tatsache, daß sich die Menschheit bereits auf eine höhere Bewußtseinsebene hin entwickelt. Der Mensch wird immer mehr an die Grenzen seiner rationalen Fähigkeiten stoßen und sich dann immer stärker nach innen wenden. Wie er sich in seinem jahrtausendelangen Evolutionsprozeß aus der vormentalen Phase in die mentale Phase hineinentwickelte, so wird er auch aus der mentalen Phase in eine transmentale Phase gelangen. Das heißt jedoch nicht, daß dabei die Fähigkeiten der vorausgehenden Entwicklungsstufen verloren gehen werden. Unser Menschsein wird vielmehr dazugewinnen. Es erhält eine neue, erfüllende Dimension, um welche die Religionen schon immer wußten. Darum haben auch heute jene Religionen besondere Zugkraft, die in ihren Angeboten dem Bedürfnis des modernen Menschen, auf diese höhere Bewußtseinsstufe zu gelangen, entgegenkommen. Wer meint, daß sich diese „mystische Welle“ bald wieder verflüchtigen wird, täuscht sich sehr. Dem Menschen bleibt nur der Durchbruch nach vorn. Er wird bald alle rationalen Möglichkeiten vergeblich abgetastet haben. Diese neue Dimension, die vielen wie Flucht aus der Wirklichkeit vorkommen mag, wird dem Menschen greifbar werden als der eigentliche Urgrund, auf dem er Fuß fassen muß, wenn er nicht in der Selbstvernichtung enden will.

Wenn C. G. Jung das Selbst eine seelische Ganzheit nennt, in die das Ich einbegriffen ist, so wie ein kleiner Kreis im großen einbegriffen sein kann, so gibt er uns damit ein Bild, das uns mystische Erfahrung intellektuell ausdrücken läßt. Einheit, Unio mystica heißt ja gar nicht ein Aufgeben der Identität. Die letzte mystische Erfahrung ist vielmehr Erfahrung der Einheit in der Vielheit. Gott ist einfaltig und vielfaltig. Wenn ich den Fächer zusammenfalte, löst sich die einzelne Falte nicht auf, sondern sie wird von der einen, großen Falte aufgenommen.

Das Loslassen des persönlichen Gottes der Theologen scheint gerade denen schwer zu fallen, deren Persönlichkeitsstruktur egozentrisch angelegt ist. Die Erfahrung zeigt, daß gerade solche Menschen einen inneren Schock erleiden, wenn ihnen in der Kontemplation das persönliche Gottesbild entschwindet. Auch sonst fällt ihnen das Loslassen schwer. Fragt man tiefer, läßt sich erkennen, daß es am Ende gar nicht um den persönlichen Gott geht, sondern um die eigene Person, um das „Ichsein", das man nicht aufgeben will. Fällt nämlich das gegenüberstehende Gottesbild zusammen, verliert auch das Ich seinen Halt.

Letztlich geht es für den Glaubenden nicht darum, das Leben Gottes in der Form des Innewohnens zu entdecken. Er muß sich vielmehr selbst, so wie er ist, als Ausdruck des Göttlichen begreifen. Es existiert nichts neben und außer Gott. Der Mensch selbst ist göttliches Leben. Leben wird nur im Lebendigen sichtbar. Gott manifestiert sich im Menschen. Solange dieser sich dessen nicht bewußt ist, bleibt er Gefangener im Kerker seines Ego.

Der Mensch glaubt sich identisch mit Kommen und Gehen, Werden und Vergehen; dabei ist er identisch mit dem ewigen Leben. Gelingt es, das Egobewußtsein zu übersteigen und zu einer Erleuchtungserfahrung zu kommen, werden Zeit und Vergänglichkeit durchbrochen, geschieht Neugeburt und Neuschöpfung, wie die Schrift sagt. Dann besitzt der Mensch die Fähigkeit, die Dinge zu durchschauen. Er sieht, was sie wirklich sind. Er erkennt, daß alles so ist wie es ist, und daß alles gut ist, so wie es ist, weil es die Wahrheit ist. Nach wie vor gibt es Berge und Täle, rechts und links, gut und bös. Dem Erleuchteten offenbart diese Vielfalt die eine letzte Wirklichkeit, das eine Sein.

2. Kontemplation und Gott als Person

Die bildhafte Darstellung des Schöpfungsberichtes und die Schöpfungslehre des christlichen Glaubens brauchen uns nicht annehmen zu lassen, daß Gott die Welt aus einer Materia prima geformt hat. Gott ergießt sich in die Schöpfung, so wie eine Quelle sich in den Bach ergießt; er entfaltet sich und bleibt als ihr Ursprung doch von ihr abgehoben. Man kann diesen Ursprung Person nennen und das Gewordene davon getrennt sehen. Aber man darf die Einheit nicht vergessen, sonst erkennt man den „Stoff", aus dem alles entstanden ist, nicht mehr. Dieser Urstoff ist Leben Gottes. Die Schöpfung ist für den Menschen nicht mehr auf Gott hin durchsichtig, darum ist er geneigt, die Zusammenhänge zwischen Quelle und Bach zu vergessen. Wasser ist ihr gemeinsames Wesen. Kann einer das „sehen", ist die Welt für ihn durchsichtig geworden.

Das Leben Gottes ist dem Menschen in dieser zeitlichen Existenz verborgen. Weil er es nicht wahrnimmt, bestimmt es auch sein Handeln nicht. Darum ist er auch Sünder. Und weil es wohl kaum einem Menschen geschenkt wird, immer und überall aus dieser inneren Wahrnehmung des göttlichen Lebens zu handeln, wird er auch immer Sünder bleiben. Bekennt man sich als solchen, sagt man nur die Wahrheit, denn die eigene Egozentriertheit verhindert das Durchscheinen des göttlichen Lebens, verschleiert seine Herrlichkeit. Weil er das göttliche Leben nicht durchgehend erfährt, ist der Mensch auf den Glauben verwiesen, den Glauben, daß er Kind Gottes ist. Das zeigt mehr als Einwohnen Gottes an. Wenn Ekkehart sagt, daß wir Gott in uns Gott sein lassen sollen, ist mehr gemeint als „Gott in uns", mehr, als ob da etwas in uns wohnte. Gott ist auch die Form, in der er west. Der Mensch lebt die Transzendenz in der Immanenz, das Essentielle im Phänomenalen. „Gott liebt und lobt sich selbst, so viel er immer kann. Er kniet und neiget sich, er bet't sich selber an," singt Angelus Silesius.

Der doppelseitige Charakter der menschlichen Existenz zeigt sich auch im religiösen Bereich. Wenn die Erfahrung ins Tagesbewußtsein tritt, wird Gott „Gegenüber". Gott als Person, Dreifaltigkeit sind theologische Ausdeutungen des Nachher, genauso auch die Formen der Verehrung. Das Zwiegespräch zwischen Gott und Mensch entfaltet sich. Es wird zu Klage und Freude, Trauer und Zuversicht, Liebe und Hingabe, weil wir Menschen sind. Und weil der Mensch mit Verstand, Gefühl, Körper und Sinnen begabt ist und dichten und komponieren kann, wird dieses Zwiegespräch zu Lied und Gedicht, wird zu Zeremonie und Liturgie. Und findet man sich dazu mit andern zusammen, wird aus all dem Gemeinde und Tempel. Auch „Kirche" versteht sich ja viel mehr als „Zeichen" auf etwas hin, als sie hier und jetzt sichtbar machen kann.

All das ist Konsequenz aus der Einheitserfahrung mit Gott. Es darf sich davon nicht entfernen. Es soll vielmehr die Einheit verkünden und in Symbol und Zeichen darstellen. Wo das nicht mehr geschieht, wo Form und Ritus zur Magie werden, wird Religion zum Hindernis.

Auch christliche Mystik kennt selbstverständlich das Göttliche als Gegenüber und zeigt daher immer auch theistische Züge. Wer sich verneigt, eine Kerze anzündet und Weihrauch ansteckt, auch wenn er es nur als Ausdruck des Göttlichen in sich selbst tut, verkündet die Einheit in der Doppelseitigkeit seiner menschlichen Existenz. Und so findet sich auch in Eckeharts Mystik der persönliche Gott. Er weiß von ihm mit einer Glut zu reden, die der mystischen kaum nach-

steht. Er spricht vom Besitzen Gottes, vom Gehorsam gegen Gott, von Demut und Liebe. Die Sünde erkennt er als Stolz, der Gott gegenüber ein unabhängiges Ego aufbaut und festhält. Es scheint nur so, daß Eckehart einen „zweifachen" Gott hat. Gott ist für ihn alles, er ist auch Person. Er ist die Ganzheit der Erfahrung. Da ist kein „zweiter" Gott.
Der Mensch kann im Bezug auf das Göttliche zwei Aspekte haben, wenn ihm nur klar ist, daß sich dies aus seiner Geschöpflichkeit ergibt, daß diese zwei Aspekte in Wirklichkeit eins sind und in der Mystik auch als eins erfahren werden. Leben ist nur erfahrbar im Lebendigen. Gott ist ein lebendiger Gott, er ist ein in und durch uns lebender Gott. Alles Geschöpfliche sagt ihn aus, drückt ihn aus, verkündet ihn in seinem Sosein als Atom, als Stein, als Kraft, als Geist. „Wir sind seines Geschlechtes." (Apg 17,28) Zum Geschlecht Gottes gehören wir. Dort gibt es keine Familienmitglieder zweiten Ranges.

3. Religion und Kontemplation

Religion braucht sowohl das rationale Element, das den Glauben formuliert, wie auch das Element der Erfahrung, das ihn lebendig macht. Beides sollte in der Religion nebeneinander bestehen dürfen. Religion ist und kann nicht nur Mystik sein, aber die Mystik bewahrt die Religion vor Stagnation und Begriffsleere. Das rationale Element hingegen bewahrt die Mystik vor unsinnigen Auswüchsen und parapsychischen Überlagerungen. Das Problem besteht allerdings darin, daß die Selbstausdeutung der Mystik für die Ratio immer ungenügend bleiben muß. Wäre es nicht so, würde Mystik sich selbst aufgeben.
Liturgie, Ritus, mündliches Gebet und Betrachtung sind im allgemeinen Ausgangspunkte für die Kontemplation und

werden diese im Normalfalle auch immer begleiten. Der kontemplative Mensch erlebt in ihnen noch einmal die ursprüngliche religiöse Erfahrung. Die Formen enthalten das Leben, für das sie geschaffen worden sind. Die Sakramente werden als Brennpunkte dieses Lebens erfahren und erhalten eine neue Wertigkeit. Weil aber der religiös begabte Mensch das göttliche Geheimnis sehr viel dichter in der Kontemplation selbst erfährt, entsprechen allzu wortgeladene Gottesdienste nicht mehr seinem Bedürfnis. Diesbezüglich sei noch einmal an Eckeharts Meinung erinnert:

> „Der Mensch soll sich nicht genügen lassen an einem gedachten Gott; denn wenn der Gedanke vergeht, so vergeht auch der Gott. Man soll vielmehr einen *wesenhaften* Gott haben, der weit erhaben ist über die Gedanken des Menschen und aller Kreatur.“[1]

Der Ursprung aller Riten und Mythen ist die spirituelle Erfahrung. Am Anfang werden Mythus und Ritus auch noch als Ausdruck dieser Erfahrung verstanden. Sie können helfen, eine spirituelle Erfahrung vorzubereiten und bilden so noch eine gewisse Einheit mit der Erfahrung. Wenn dieser Zusammenhang verlorengegangen ist, verkrustet das Ritual, und die Verbalisierung der Erfahrung wird zum Dogma und zu einem Wert in sich erhoben. Von da aus ist es bis zum Sakralen, das zum Gesetz und damit zum Joch wird, das unter Androhung von Strafe bindet, nicht mehr weit.
Die Propheten versuchten, das Volk Israel immer wieder aus diesem Gesetzesritualismus zu befreien. Jesus folgte hierin ihren Fußstapfen. Viele Gläubige spüren in unseren Tagen, daß Religion hohl sein kann; sie finden in ihr nicht mehr die Erfahrung des Glaubens. Da sich Dogmen, die vor Jahrhunderten formuliert worden sind, nur schwer wieder füllen lassen, sucht man lieber eigene Wege.[2] Die Kirchengeschichte und die Geschichte der christlichen Mystik haben gezeigt, daß Jesus Christus und das Evangelium vielen Führer zur In-

nerlichkeit und zur Glaubenserfahrung gewesen sind. Hilfreiche Ermutigung könnte auch heute den Menschen helfen, einen christlichen Weg in die Glaubenserfahrung zu finden. Allerdings geht das kaum ohne Erfahrene, die andere in der Nachfolge Jesu zu einer inneren Öffnung führen können, und ohne die Einsicht der Kirche, daß die Kontemplation ein Wesensbestandteil der Religion ist und es in Zukunft immer mehr werden wird.

Eine echte Erleuchtungserfahrung würde den Christen über die Schrift hinaus zu dem führen, wovon sie Zeugnis gibt. Die Schrift ist wie eine Fackel, die man „wegwirft", wenn das Feuer entfacht ist. Sie ist der Ruf des Unendlichen, der uns ständig die Richtung weist, in die wir zu gehen haben, aber sie ist nicht das Unendliche selbst. Das Erwachen zur Wirklichkeit des Unendlichen wird durch heilige Texte, Rezitationen, Riten, Aszese und auch durch die Gebetsübung der Kontemplation vorbereitet. Das Erwachen selbst ist nicht machbar. Es ist wie ein Blitz, der einschlägt. Man weiß nicht, wann und wo. Es kann nicht genug betont werden, daß auch Kontemplation nur eine Weise ist, die den Menschen in die Weiselosigkeit führt.

Damit sei nichts gegen Riten und Zeremonien gesagt. Diese bringen den Menschen in Kontakt mit der Wirklichkeit Gottes. Doch darauf soll hier nicht eingegangen werden. Bücher über mündliches Gebet und Betrachtung gibt es viele. Hier sei der Weg der Kontemplation aufgezeigt. Religiöse Praxis wird als bereits bekannt vorausgesetzt. Wird diese aber zu gegebener Zeit zum Hindernis, muß sie zurückgelassen werden.

Nicht wenige Menschen gelangen nach einiger Zeit mit formulierten Gebeten, intellektuellen Betrachtungen und mühsam erweckten Gefühlen ans Ende. Auch die Feier der Liturgie und die religiösen Riten reichen nicht aus. Diese Formen des religiösen Lebens geben ihnen keine Kraft mehr, weil der Urgrund nicht mehr erspürt wird. In diesem Fall sollten sie den Mut haben, einen neuen Weg der Begegnung mit Gott zu suchen, denn die Einswerdung mit Gott ist das eigentliche Ziel aller religiösen Übung. Eckehart widmet eine besondere Predigt „den Hindernissen an wahrer Geistlichkeit.“[3]

Ausgehend von dem Schriftwort: „Es ist gut für euch, daß ich weggehe. Denn wenn ich nicht weggehe, wird der Helfer nicht zu euch kommen“ (Joh 16,7), zählt Eckehart jene religiösen Hindernisse auf, die den Menschen von einer wirklichen Begegnung mit Gott abhalten.

4. Mögliche Hindernisse

Sakramente

Das erste Hindernis beim Fortschritt auf dem geistlichen Weg ist nach Eckehart das Genießen der Kreaturen.

Die sieben Sakramente nennt er an zweiter Stelle als Hindernis für „gute Leute“. Sacramentum bedeutet Zeichen, und wer am Zeichen hängen bleibt, gelangt nicht zur inneren Wahrheit. So ist etwa „. . . die Ehe ein Wahrzeichen für die Einheit göttlicher und menschlicher Natur und für die Einswerdung, die der Seele zusteht mit Gott.“ Weiter sagt Eckehart:

> „Dann wieder gibt es ‚gute‘ Leute, die hindern sich selber, indem sie zuviel haften an Reue und Buße: und bleiben auf dem Zeichen und bemühen sich nicht zu der lauteren Wahrheit zu kommen.“[4]
>
> „Ebenso hindern sich manche ‚gute‘ Leute, indem sie allzu eifrig hinterher sind hinter dem heiligen Sakrament des Leibes des Herrn, wie sie den sich nur irgend verschaffen können. Sie wenden ein Übermaß äußeren Fleißes an die Gegenstände der Bereitung: und bereiten sich nicht zur Wahrheit.

> . . . alle die Sakramente weisen uns nur zu der einigen Wahrheit; daher darf man beim Zeichen nicht stehen bleiben.“[5]

Trotzdem hat sich Eckehart in dieser Predigt sicherlich nicht gegen die Sakramente ausgesprochen. Er hat selbst die Messe zelebriert und die Sakramente empfangen. Die Berichte im Anhang dieses Buches zeigen ferner, wie gerade auch religiöse Handlungen Hilfen zum Erlangen einer Tiefenerfahrung sein können. Aber sie wollen dem Menschen eben nur helfen, zum Ziel durchzustoßen. Ziel ist Gott, und wenn etwas, das als Hilfe gemeint ist, zum Hindernis wird, muß es überwunden werden. In bezug auf das Gebet hat Eckehart dies zu sagen:

> „Das Gebet des Mundes aber, das hat die heilige Christenheit darum eingesetzt, damit die Seele gesammelt werde von den äußeren Sinnen, in denen sie sich zerstreut hatte auf die Mannigfaltigkeit der vergänglichen Dinge. Wenn sie dann zusammengefaßt wird in die oberen Kräfte (in Vernunft, Willen und Gedächtnis), so wird sie vergeistet. Und wenn nun der Geist festhaftet an Gott mit ganzer Einung des Willens, so wird er vergottet. Dann allererst steht er in der wahren Anbetung, wenn er kommen ist zu seinem Ziel, zu dem er geschaffen ist. Wir sind aber einzig zu Gott geschaffen und demgemäß nach ihm gebildet. Wer es nicht bringt zu dieser Einung des Geistes mit Gott, der ist kein rechter geistlicher Mensch.“[6]

Auch über die Betrachtung hat Eckehart seine eigene Meinung:

> „Hierbei merkst du wohl, daß auch alle Mannigfaltigkeit davon muß ausgeschieden werden; auch die Menschheit unsers Herrn als etwas sonderlich Ge-

genwärtiges; wie Christus selber zu seinen Jüngern gesagt hat: ‚Es ist gut, wenn ich von euch gehe, denn wenn ich nicht von euch gehe, so kann der Tröster, der heilige Geist, nicht zu euch kommen, der Geist der Wahrheit, den der Vater in meinem Namen senden wird!' Hier aber hindern sich ‚gute', geistliche Leute an rechter Vollkommenheit, indem sie mit ihres Geistes Lust am Bilde der Menschheit unseres Herrn Jesu Christi haften: womit sie sich doch nur an Visionen verlieren, da sie denn, wenn auch im Bilde, Dinge sehen in ihrem Geiste, seien es Menschen, oder Engel, oder unsers Herrn Jesu Christi Menschliches ... Da meinte er nicht bloß die Jünger im engern Sinne, sondern alle, die hinfort seine Jünger werden sollten und ihm folgen wollen zu hoher Vollkommenheit: denen ist sein Menschliches ein Hindernis, wofern sie mit Lust daran haften."[7]

Selbst Gelübde, meint Eckehart, können zu Hindernissen werden:

„Wenn der Mensch sich wohlgeordnet findet zu echter Innerlichkeit, so lasse er kühnlich ab von allem äußeren Wirken, und sollten es selbst solche Werke sein, zu denen du dich mit Gelübden verbunden hättest, von denen dich selbst kein Papst und kein Bischof entbinden könnte."[8]

Visionen

Eckehart versichert weiter, daß der geistliche Mensch auch mystische Visionen hinter sich lassen muß:

„Also sollen wir um die Geschaffenen allesamt uns nicht bekümmern, ausgenommen Jesus Christus, der allein unser Retter und Helfer ist und ein Weg zu seinem himmlischen Vater. Aber wiewohl wir damit von

> aller Endlichkeit Abschied nehmen und auf den Weg der Wahrheit treten, so sind wir doch noch nicht völlig selig, ob wir gleich die göttliche Wahrheit schauen. Solange wir beim Schauen stehen, sind wir noch nicht in dem, den wir schauen, solange ein Etwas Gegenstand unseres Bemerkens ist, sind wir nicht Eines in dem Einen. Denn wo nichts als Eines ist, da sieht man nichts. Woher man denn Gott nicht sehen kann, als mit Blindheit, nicht erkennen, als mit Unerkenntnis, und nicht vernehmen, als mit Unvernunft. Hierzu spricht Augustinus: Keine Seele vermag zu Gott zu kommen, sie gehe denn ohne die Kreaturen zu ihm und suche ihn ohne Gleichnisse. Das bedeutet uns Christus selber mit dem Worte: ‚Wirf erst den Sparren aus deinem eigenen Auge und wische dann den Staub aus eines andern Auge!' Hieraus ist abzunehmen, daß alles Gemächt vergleichbar ist einem Sparren in der Seele Auge: es hindert mit seiner Endlichkeit das Einswerden mit Gott. Und weil nun auch die Seele ein Gemächt ist, so muß sie sich aus sich selber werfen. Und auch aus sich herauswerfen alle Heiligen samt Unsrer lieben Frau, als die alle nur Gemächte sind. Bloß soll sie bestehn und, undürftig aller Dinge, wesen. So mag sie zu Gott als Seinesgleichen kommen, der bloß und unbedürftig ist und frei von Materie."[9]

Eckehart warnt hier vor der Überbewertung von Visionen. Wie bereits im dritten Kapitel erwähnt wurde, haben große Mystiker aller Zeiten und Zonen Visionen nur als Vorstufe, ja sogar als Hindernis auf dem Weg zum Ziel betrachtet. Solange noch etwas Gegenstand des Bemerkens ist, bleibt die letzte Tiefe verdunkelt. Johannes vom Kreuz soll an dieser Stelle für viele andere Mystiker sprechen:

> „Ich sage also: mit all diesen Wahrnehmungen und bildhaften Visionen und irgendwelchen anderen Formen oder Vorstellungen, wie sie sich unter Bildern

> oder Einzelerkenntnissen darbieten mögen – seien sie falsch von seiten des Teufels oder als wahr erkannt von seiten Gottes –, darf sich der Verstand nicht belasten, noch sich von ihnen nähren, auch darf die Seele sie weder zulassen noch festhalten wollen; sie soll ja ganz losgelöst, entblößt, rein und einfach sein, ohne irgendwelche Art und Weise, wie eben die Vereinigung mit Gott es fordert.“[10]

Diese Einstellung kann gerade in bezug auf die christliche Mystik nicht stark genug betont werden, da Mystiker sehr gern an ihren Visionen gemessen werden. Visionen sind Vorfeld der eigentlichen mystischen Erfahrung. Stößt einer zur Erfahrung der Wahrheit vor, dann ist es die Wahrheit schlechthin, die nur eine sein kann für alle Menschen. Ob er diese Wahrheit dann einer religiösen Doktrin entsprechend formuliert, ist eine andere Sache. Eine wahre mystische Erfahrung wird für den Glauben erhellend sein. Aber sie steht jenseits der Doktrin, weil sie jenseits alles Begrifflichen steht. Sie sprengt jedes Wort. Die religiöse Erfahrung macht alle Doktrin lebendig und durchflutet sie mit Licht. Sie ist das eigentlich Dynamische im Glauben, und ohne sie bleibt Doktrin toter Buchstabe. Sie gleitet ab in Moral, Gesetz. Es ist aber diese „Buchstabenreligion“, von der uns Jesus Christus befreien wollte.
Religiöse Erfahrung widerspricht nicht dem Glauben, wohl aber wird sie in vielen Fällen zu seiner Neuinterpretierung führen, die manchmal im Gegensatz zu einer zu engen und absolut gesetzten Doktrin stehen kann. Die viel beschworene Gabe der Diskretion besteht nicht darin, religiöse Erfahrung in ein Prokrustesbett überkommener Formulierungen zu stecken und alles, was darüber hinausgeht, abzuschlagen. Nicht zuletzt deshalb wird die christliche Religion heute kritisiert. Die Institutionen laufen Gefahr, ihre Anhänger wegen absoluter theologischer Aussagen spirituell gleichsam verdursten zu lassen.

Aber wo ist die Grenze? Kann jeder seine Erfahrung willkürlich deuten? Echte Erfahrung deutet immer auf die Wahrheit hin, ganz gleich in welcher Formulierung sie sich ausdrückt. In ihrem Hindeuten wird sie als richtig erkannt werden.

Theologische Vorstellungen

Dreifaltigkeit ist für Eckehart nicht die letztmögliche Aussage für Gott. Für ihn ist Gott Eines, und das Bild der heiligen Dreifaltigkeit bereits ein Heraustreten aus dieser Einheit:

> „Damit gelangt die Seele vors erste in die Einheit der heiligen Dreifaltigkeit. Aber sie kann noch seliger werden: wenn sie der bloßen Gottheit nachgeht, von der die Dreifaltigkeit nur eine Offenbarung ist. Vollkommen selig wird sie erst, so sie sich in die Wüste der Gottheit wirft, darin es weder Werk noch Bild gibt, und über dem Eifer des Hineinstürzens sich also verliert, daß sie als Ich zunichte wird und aller Dinge sich so wenig annimmt, wie da sie nicht war. Mit dem ist sie an sich nun tot – und lebt in Gott. Denn was tot ist, das wird in dem Grabe zunichte: so wird auch die Seele zunichte, die in der Wüste der Gottheit begraben ist. Von solchen spricht Sankt Paulus: ‚Ihr seid tot, und euer Leben ist mit Christo verborgen in Gott!' Und Dionysius erklärt: in Gott begraben werden ist nichts anderes als eine Überfahrt in ein unerschaffenes Leben. – Diese Überfahrt bleibt manchem Erkenner unbekannt.
>
> Nun merket, woran man es erkennen könne, wann man hereingenommen sei in die heilige Dreifaltigkeit! Das Erste. Es wird solcher Seele gegeben, durch den Blick des heiligen Geistes, daß an ihr vertilgt wird alle ihre Schuld; und vergisset ihres Selbst und alles, was

Ding ist. – Das Zweite, was sie von der Gottheit empfängt, ist des Vaters ewige Weisheit: Erkenntnis und Unterscheidung aller Dinge. So wird ihr benommen das Dünken, Wähnen und Glauben: sie ist hingelangt zur Wahrheit. Und was sie vorher glaubte und einsah nur mittels wer weiß wie vieler Worte und Beweisungen: jetzt, was immer ihr bezeichnet wird von Menschen oder vom Geiste, darum darf sie niemanden erst fragen. Wie andere, die für die Wahrheit nicht empfänglich sind: mag man sie ihnen noch so offenbaren, die lautere Wahrheit, so wollen sie mit menschlichen Sinnen begreifen, was doch über aller Engel Verstehen ist . . .

Weiter empfängt die Seele, die mit der Wahrheit sich emporlocken läßt in die heilige Dreifaltigkeit, in einem Augenblick von des Vaters Kraft und Allgewalt, daß ihr möglich wird, alle Dinge zu tun. Wie Sankt Paulus spricht: ‚Ich vermag alle Dinge, in dem, der mich stark macht!' So handelt denn nicht die Seele mehr, nicht sie erkennt, nicht sie liebt mehr, sondern Gott der handelt, der liebt und erkennt sich in ihr. Das bestätigt Jeremias: ‚Ihr seid wahrlich Götter darin, daß ihr Gott erkennet und liebt!' Denn die Seele ist ihrer Natur nach also gestaltet, wo auch nur etwas von ihr ist, da ist sie ganz. Sie ist ganz in einem jeglichen Gliede: wie Gott ganz ist an allen Stätten und in allen Kreaturen. Alles, was an der Seele lebt, das ist nichts anderes als Gott."[11]

Religion ist das Netz, mit dem ich den Fisch fange, meint Ekkehart. Habe ich den Fisch gefangen, hat das Netz seinen Zweck erfüllt. Vom religiösen Leben eines Menschen, der nicht darauf abzielt, zu Gott selbst vorzustoßen, sagt Eckehart:

„Denn wahrlich, wenn einer wähnt, in Innerlichkeit, Andacht, süßer Verzücktheit und in besonderer Be-

> gnadung Gottes mehr zu bekommen als beim Herdfeuer oder im Stalle, so tust du nicht anders, als ob du Gott nähmest, wändest ihm einen Mantel um das Haupt und schöbest ihn unter eine Bank. Denn wer Gott in einer (bestimmten) *Weise* sucht, der nimmt die Weise und verfehlt Gott, der in der Weise verborgen ist.“[12]

Die Erfahrung übersteigt theologische und philosophische Formulierungen. Erfahren wird nicht Gott, sondern Gottheit. Wem diese Erfahrung widerfährt, der wird seine Haltung zu Religion und Philosophie ändern. Er ist aus einem neuen Grund heraus religiös. Er hat einen neuen Standort. Wer Tee „geschmeckt“ hat, beschreibt ihn anders als einer, der ihn nicht „geschmeckt“ hat.

Mit den intellektuellen Fähigkeiten ist man im philosophischen Bereich schon lange an Grenzen gestoßen. Es konnte nicht ausbleiben, daß man den Tod Gottes konstatierte. Der kontemplative Mensch kommt ebenfalls an diese Grenze. Für ihn stirbt der spekulative Gott der Theologen ebenfalls. Beide Wege verlaufen getrennt und kommen doch zum gleichen Punkt. Aber wo der Agnostiker achselzuckend vor dem Abgrund stehen bleibt, schreitet der Kontemplative, gestützt von seinem Glauben, in das Nichts hinein. Und wenn er den letzten Halt seines empirischen Ego losgelassen hat, findet er Gewißheit auf dem letzten Urgrund.

Die Religion hat dem Menschen die ersten Schritte auf dem Weg der Erfahrung beigebracht. Sie hilft dem Menschen, auch den letzten Schritt in das „lichte Dunkel“ der Begriffslosigkeit zu tun. Sie hat ihm demütig die Leiter gehalten, damit er zum Wesen des Göttlichen vordringe; warum sollte sie Angst haben, er könnte nun ohne Sprossen weitersteigen?

Der Kontemplative berührt das Subjekt der Religion, das greifbar zu machen, sich die Religion so bemüht. Ein so veranlagter Mensch neigt im allgemeinen nicht dazu, aus der Kirche und der Religion auszuwandern. Oft wird er hinausgedrängt. Was wäre denn schon dabei, wenn man ihm etwas mehr Freiheit gäbe? Würde er nicht die Balance herstellen, die wir gegenüber den doktrinären und autoritativen Elementen so notwendig brauchen? Rahner hat wohl recht, wenn er in seinem mutigen, prophetischen Beitrag über Christsein in der Kirche der Zukunft schreibt:

> „Kann es nicht in der Spiritualität der Zukunft doch so etwas wie einen Guru, einen geistlichen Vater geben, der dem andern eine vom Geist erfüllte Weisung gibt, die sich nicht adäquat in Psychologie, theoretische Dogmatik und Moraltheologie auflösen läßt? Ich vermute jedenfalls, daß in der Spiritualität der Zukunft als solcher das Element einer brüderlich-spirituellen Gemeinschaft, einer gemeinsam gelebten Spiritualität eine größere Rolle spielen kann und langsam, aber mutig, zu gewinnen und zu entwickeln sei. Wie dies genauerhin geschehen könnte, dafür wage ich keine Rezepte anzubieten . . .
> Die Kirche kann auch für die Spiritualität des einzelnen eine bedrückende Last sein, durch Doktrinalismus, Legalismus und Ritualismus, zu denen die eigentliche Spiritualität, so sie ursprünglich und echt ist, kein positives Verhältnis haben kann. Durch all das aber kann die Spiritualität des einzelnen nicht davon dispensiert werden, kirchlich zu sein, am allerwenigsten in einer Zeit, in der doch offenbar für die Zukunft Gemeinschaftlichkeit und Gesellschaftlichkeit auf profanem Gebiet wachsen müssen und nicht abnehmen können. Warum denn könnte nicht die Spiritualität der Zukunft die einer *höheren zweiten Naivität in weiser Geduld* sein, die dadurch und darin kirchlich ist, daß sie die Armseligkeit und Unzulänglichkeit der Kirche selbstverständlich mitträgt, mitausleidet und so kirchlich ist? Schon Origenes wußte, daß die Pneumatiker nicht aus der Kirche auswandern dürfen, son-

dern in Geduld, Demut und den Abstieg Gottes ins Fleisch der Welt und der Kirche mitvollziehend und in Liebe ihren Geistbesitz in die konkrete Kirche, so wie sie nun einmal ist und trotz aller notwendigen und immer fälligen Reformen bleiben wird, einstiften müssen. Solche Kirchlichkeit gehört auch zur Spiritualität der Zukunft. Sonst ist sie elitärer Hochmut und ein Unglaube, der nicht begreift, daß das heilige Wort Gottes ins Fleisch der Welt gekommen ist und diese Welt heiligt, in dem es die Sünde der Welt und auch der Kirche auf sich nimmt."[13]

7. KAPITEL

ALLGEMEINE PERSPEKTIVEN

1. Psychologische Aspekte

Kontemplation und Gefühle

Die Gefühle verhalten sich oft wie selbständige Wesen, die fähig sind, das Ego restlos aus dem Gleichgewicht zu werfen. Verdichten sie sich zu Komplexen, gebärden sie sich wie Teilpersönlichkeiten, die ein eigenes Leben führen. Solche Komplexe sind manchmal nicht bewußt. Viele Menschen fürchten sich daher, sich in ihre tieferen Bewußtseinsschichten einzulassen. Sie fürchten, es könnte etwas aufbrechen, das sich nachher ihrer Kontrolle entziehen könnte. Wer den Weg der Kontemplation betritt, sollte psychisch gesund sein. Wenn Ängste oder unbekannte Zustände auftreten, sollte der Übende sie nicht verschweigen. Während die Kontemplation einerseits von störenden Phänomenen befreien kann, ist es andererseits möglich, daß schützende Abwehrkräfte nicht mehr funktionieren und die Gefühle den Menschen überfluten und fortreißen.

Das Identifizieren mit aufsteigenden Gefühlen ist eine der Ursachen, die den Menschen von seinem wahren Wesen trennen. Das klingt sonderbar. Aber es ist das rastlos tätige Ego, das Situationen vorspiegelt, die nicht der Wirklichkeit entsprechen. Der Mensch lebt in der Annahme, daß die vom Alltagsbewußtsein wahrgenommene Welt die Wirklichkeit ist. So verfällt er einer ständigen Täuschung. Im Versuch, die vorgetäuschte Situation zu bewältigen, gerät er immer wieder in die gleichen Verhaltensmuster und entfremdet sich so seinem wahren Wesen.

Die Dinge liegen nicht so wie sie das Ego erfährt. Die Mystik nennt diese so erfahrene Situation manchmal einen Traum. Die Wirklichkeit, zu der man in der Tiefenerfahrung erwacht, ist die eigentliche und erste Wirklichkeit.
Der dem Ego ausgelieferte Mensch fällt ständig dessen Eigendynamik zum Opfer. Daraus entstehen seine Alltagsschwierigkeiten. Diese sind Produkte einer oberflächlichen „Weltanschauung“ und eines falschen Selbstverständnisses. Es fehlt das wahre Unterscheidungsvermögen.
Ist der Mensch durch die Kontemplation wirklich in seine Mitte gelangt, überwältigt ihn kein Problem mehr. Er bleibt auch in sogenannten Schicksalsschlägen ruhig, wenn er etwa Besitz und Freunde verliert, verleumdet wird oder zu wenig oder keine Anerkennung und Zuwendung erfährt. Hat man den wahren inneren Standpunkt gefunden, bleibt man auch in emotionalen und intellektuellen Erschütterungen gleichmütig.
Nach der Erleuchtungserfahrung ist das Selbstwertgefühl nicht mehr so stark von außen zu beeinflussen. Der Mensch fühlt sich von innen her intakt, angenommen und gehalten. Das gibt ihm Sicherheit in den Ereignissen des Alltags, die keine größere Wertigkeit haben, als ihnen wirklich zusteht.
Beim „Sitzen“ meint man oft, das Ziel erreicht zu haben. Der Grad des geistlichen Fortschritts zeigt sich aber erst, nachdem man aufgestanden und an sein Alltagswerk gegangen ist. Im eigenen Heim, in Geschäft und Büro, in Sport und Politik, im Auskommen mit Familienmitgliedern und Arbeitskollegen zeigt es sich, wie weit man ist. Sofern einen noch negative Emotionen überwältigen, solange einer noch – geplagt von Depressionen – aus der gegebenen Situation die Flucht ergreift und sich in die Einsamkeit seines Schneckenhauses zurückzieht, kann von einer Personalisierung der Erfahrung kaum die Rede sein.
Nur langsam begreift man, daß man sich mit aufsteigenden Gefühlen nicht identifizieren darf. Man braucht sie aber auch nicht zu verdrängen. Man soll sie einfach stehen lassen, sie

ruhig zulassen. Hat man gelernt, sich nicht mit Gefühlen zu identifizieren, löst sich die Verwirrung auf. Man durchschaut die Gefühle und erkennt ihre Egozugehörigkeit. Das Durchschauen nimmt ihnen ihre Mächtigkeit. Sie stören dann beim kontemplativen Sitzen nicht mehr, und man kommt mit den Mitmenschen besser aus.

Das bedeutet jedoch nicht, daß der kontemplative Mensch gefühlsarm wird. Im Gegenteil: Er kann Gefühle zulassen, weil er weiß, daß sie ihn nicht überwältigen werden. Er kann sich dem Schönen des Lebens hingeben, und es gelingt ihm, sogar dem Häßlichen seine wahre Schönheit abzugewinnen. Kann einer den Zustand der Ruhe im Ansturm der Gefühle bewahren, hat er den Schlüssel zu einem gelassenen Leben gefunden.

Alle Probleme und Emotionen befallen nicht jenen obersten Wipfel, wo nach Eckehart der Mensch mit dem „allerliebsten Willen Gottes" vereint ist. Dieser oberste Wipfel fällt mit dem wahren Selbst zusammen. Es bleibt ruhig in allen Stürmen des Lebens, weil es in Gott verankert ist. Eckehart gibt dazu folgenden Kommentar:

> „Nun (aber) sagen unsere biederen Leute, man müsse so vollkommen werden, daß uns keinerlei Freude mehr bewegen könne und man unberührbar sei für Freude und Leid. Sie tun unrecht daran. *Ich* (aber) sage, daß es nie einen noch so großen Heiligen gegeben hat, der nicht hätte bewegt werden können. Indessen sage ich demgegenüber auch: Wohl wird es dem Heiligen (schon) in diesem Leben zuteil, daß ihn nichts von Gott abzubringen vermag. Ihr wähnt, solange Worte euch zu Freude und Leid zu bewegen vermögen, seiet ihr unvollkommen? Dem ist nicht so! (Selbst) Christus war *das* nicht eigen; das ließ er erkennen, als er sprach: ‚Meine Seele ist betrübt bis in den Tod' (Matth 26,38). Christus taten Worte so weh, daß, wenn aller Kreaturen Weh auf eine (einzige)

Kreatur gefallen wäre, dies nicht so schlimm gewesen wäre, wie es Christus weh war; und das kam vom Adel seiner Natur und von der heiligen Vereinigung göttlicher und menschlicher Natur (in ihm). Daher sage ich: Einen Heiligen, dem Pein nicht wehe täte und Liebes nicht wohl, hat es noch nie gegeben, und niemals wird es einer dahin bringen. Wohl kommt es hie und da vor, bewirkt durch die Liebe und Huld und ein Wunder Gottes, daß einer, dem man seinen Glauben oder sonst was schölte, wenn er mit Gnade übergossen wäre, ganz gleichmütig in Lieb und Leid stünde. Und wiederum bringt es ein Heiliger wohl dahin, daß ihn nichts von Gott abzubringen vermag, so daß, obzwar das Herz gepeinigt wird, während der Mensch nicht in der Gnade steht, der Wille doch einfältig in Gott verharrt und spricht: ‚Herr, ich (gehöre) dir und du mir.' Was immer dann (in einen solchen Menschen) einfällt, das behindert nicht die ewige Seligkeit, dieweil es nicht den obersten Wipfel des Geistes befällt dort oben, wo er mit Gottes allerliebstem Willen vereint steht."[1]

Kontemplation – ein klarer Bewußtseinszustand

Durch psychologische Tests ist nachgewiesen worden,[2] daß die ungegenständliche Meditation Körper und Bewußtsein des Menschen stark beeinflußt. Die Enzephalogramme, die während der Meditation aufgenommen wurden, zeigen, daß sich die Gehirnwellen der Großhirnrinde verändern. Während des Tagesbewußtseins dominieren Betawellen. In der Meditation selbst überwiegen die Alphawellen. Mit fortschreitender Vertiefung des Meditationszustandes gehen Alphawellen über in Thetawellen.

Die Gehirnwellen der Meditationsphase unterscheiden sich von Gehirnwellen, die während des Schlafes, der Hypnose,

der Trance oder nach Drogeneinnahme dominieren. Die Tests zeigen also, daß der Bewußtseinszustand in der ungegenständlichen Meditation nichts Krankhaftes an sich hat.
Er ist ein Zustand der Ruhe, der nach genügend langer Übung erreicht werden kann. Er ist also nichts Mysteriöses oder Abnormes, sondern vielmehr Fundament des Tagesbewußtseins, dessen Mitte oder Kern. Die Anlage für diesen Bewußtseinszustand ist angeboren und jedem zugänglich, der gelernt hat, sein Tagesbewußtsein ruhigzustellen.
Im religiösen Bereich ist dieser Zustand die Grundlage für das „Gebet der Ruhe". Wenn auch gilt, daß das, was im mystischen Sprachgebrauch „Erleuchtungserlebnis" genannt wird, nicht machbar, sondern reines Geschenk ist, so muß doch auch gesagt werden, daß eine Bereitung durch die oben geschilderte Gebetsübung die beste Voraussetzung für das Geschenk dieser Erfahrung ist.
Eine volle Erleuchtung wird nicht vielen geschenkt. Der fortschreitende Reinigungsprozeß, der manchmal viel Ähnlichkeit mit psychoanalytischen Vorgängen aufweist, disponiert dafür. Normalerweise, aber nicht immer, folgt eine Erleuchtungserfahrung auf den Bewußtseinszustand des „Schauens in das nackte Sein" oder des „Gebetes der Ruhe". Dieser Zustand wird wie ein „Sog in die Tiefe" erfahren. In religiöser Sprache würde man sagen, daß nur ein leeres und gereinigtes Gefäß das Göttliche aufzunehmen vermag. Nach Eckehart kann Gott gar nicht anders als sich in diese Leere ergießen.
Die Erleuchtung selbst ist ein Gnadengeschenk. Gnade scheint dabei aber nicht so sehr die Erleuchtungserfahrung selbst zu sein als vielmehr die Kraft, dem erkannten Weg konsequent zu folgen und die schwierige Phase der Reinigung durchzustehen, bis die Seelenspitze ihre wahre göttliche Natur erfahren kann.
In welchem Umfang die letzte Wirklichkeit begreifbar wird, kann nicht logisch beschrieben werden. Der Mensch, dem eine solche Erfahrung widerfährt, ist überzeugt, daß er das Letzte und Tiefste berührt hat. Der religiöse Mensch zögert

nicht, es „Gott“ zu nennen. Es spottet aber jeder Begrifflichkeit.

Allerdings gibt es eine mystagogische Sprache, die klar auf diese letzte Wirklichkeit hinweist. Aber es gibt auch ein Gerede über Erleuchtung und Mystik, das zeigt, wie wenig Ahnung Sprecher und Schreiber haben. Ein Meister kann daher leicht Erleuchtungsgetue und echte Erleuchtung unterscheiden. Das gilt auch von der zeitgenössischen Meditationsliteratur. Es besteht ein Unterschied zwischen einem, der alles über Mystik „weiß“, d. h. intellektuell erfaßt, und einem, der aus seiner Erfahrung heraus spricht und schreibt. Wer immer seinen Mund öffnet, zeigt unweigerlich seinen eigenen Bewußtseinszustand. Er redet immer über sich selbst, sobald er spricht oder schreibt, auch dann, wenn er über andere oder über Mystiker redet.

2. Ausblick

Eine neue Dimension

Die Schöpfung ist nicht zu Ende. Auch das Bewußtsein des Menschen entwickelt sich weiter. Die mentalen Fähigkeiten stellen nicht die Grenze der Möglichkeiten des menschlichen Geistes dar. Es gibt noch eine darüber hinausgehende Dimension, die Dimension des Arationalen. Dieses Arationale hat mit irrational nichts zu tun; vielmehr ergänzt es das Physische, Psychische und Rationale des Menschen. Diese neue Dimension ist zunächst nicht direkt an das Religiöse im konventionellen Sinn gebunden, sie ist Zeichen einer neuen Entwicklungsphase, in die das menschliche Bewußtsein bereits eingetreten ist.

Immer mehr wird erkannt, daß die Ratio nicht die letzte Deutung der Existenz bringen kann, und immer mehr Men-

schen gelingt es, die rationale Schranke zu durchbrechen und diese neue Dimension wenigstens in ihren Anfangsstadien zu erfahren. Das Mystische, wie das Arationale im religiösen Bereich genannt wird, hatte bis jetzt den Nimbus des Außergewöhnlichen, das nur den größten Heiligen, was immer man darunter auch verstand, geschenkt worden ist. Dem gegenüber setzt sich mehr und mehr die Erkenntnis durch, daß dem Menschen dafür eine Anlage angeboren ist, die im Laufe der Jahre, ähnlich der rationalen Anlage, entfaltet werden kann. Da dem gegenwärtigen Erziehungssystem die Kenntnis dieser Entfaltungsmöglichkeit nicht geläufig ist, wird man im Schulsystem schwerlich einen „Magister" finden, der den Weg weiß, weil er ihn selbst gegangen ist.
Sicher bleibt auch die mystische Erfahrung noch hinter dem vollständigen Erfassen der letzten Wirklichkeit – Gott – zurück. Aber sie bringt doch eine deutlichere Kunde als die Ratio. Wer diese letzte Wirklichkeit in der Erleuchtungserfahrung tangiert, erlangt die unumstößliche Gewißheit, daß er auf den Urgrund des Seins gestoßen ist. Für ihn gewinnt das Leben an Sinn und Transparenz.
Wo sich religiöser Glaube noch erhalten hat, wird dem Menschen diese Sicherheit im Glauben geschenkt. Aber die Religionen erkennen immer deutlicher, daß vielen ihrer Anhänger diese Glaubenssicherheit verlorengegangen ist. Die Statistiken zeigen eine Entwicklung in diese Richtung an.[3] Die Überbetonung des Rationalen hat den Menschen von den Quellen der Glaubenserfahrung losgerissen. Man kann aber das Rad der Geschichte nicht zurückdrehen und wieder krampfhaft versuchen, so zu glauben wie man es früher getan hat. So bleibt nur der Durchbruch nach vorne. Physik[4] und Psychologie scheinen jedoch eher bereit, die Öffnung des menschlichen Bewußtseins in eine neue Dimension anzunehmen als so manche theologische Richtung.
Der einzelne religiöse Mensch wird instinktiv den Weg der Erfahrung suchen. Die institutionalisierte Religion tut sich da wesentlich schwerer. Sie ist dem Wandel abhold. Wandel ist

Wagnis. Man kann das, was sich wie eine Neugeburt ergibt, nicht klar umrissen vorhersagen. Viele einzelne Menschen ahnen, daß es vor ihnen ein Festland gibt, auf dem es sich besser leben läßt. Sie sind wie Schwimmer, die eine Insel verlassen in der Gewißheit, daß in der eingeschlagenen Richtung die Küste liegt. Die Insel hinter ihnen ist außer Sicht und das Festland noch nicht in Sicht. Aber sie vertrauen Menschen, die auf dem neuen Festland angekommen sind und ihnen zurufen, daß es sich lohnt weiterzuschwimmen, auch wenn man die Stützen der Religion dabei zu verlieren scheint.

Der religiöse Mensch sollte sich nicht leichtfertig von seiner Gemeinschaft trennen. Aber er sollte den Mut haben, seiner Gemeinschaft vorauszuschwimmen, auch wenn er deswegen mit argwöhnischen Augen betrachtet wird.

Mystik als Ökumene der Religionen

Wir Menschen leben eine scheinbar widersprüchliche Existenz. Auf der einen Seite haben wir Körper, Sinne, Gefühl und Verstand und auf der anderen Seite diese Ahnung – die für viele Menschen absolute Gewißheit ist – von einer dynamischen Wirkung und Wirklichkeit, die wir das Numinose oder Gott nennen. Sie werden so lange Gegenpole bleiben wie wir ihre Einheit nicht erkennen. Wenn wir uns selbst durchschauen, wenn wir den Urgrund unseres Seins erfahren, wird sich dieser Widerspruch auflösen. Die Erleuchtungserfahrung ist der archimedische Punkt, von dem aus man die anscheinend so verschiedenen Existenzformen von ihrem Ursprung her als eins erfährt, als die gleiche Wirklichkeit oder Kraft in verschiedenen Erscheinungsformen. Wer diesen archimedischen Punkt erreicht, hebt für sich wirklich die Welt aus den Angeln. Wir bezeichnen ihn als Mystiker.

Diese Erfahrung kann nicht nur innerhalb einer Religion gemacht werden. Jeder Mensch trägt die nötige Grundveranlagung in sich. Aber die Religionen haben Wege entwickelt, die in diese Erfahrung führen. Sie haben dieser Urwirklichkeit auch einen Namen gegeben, was wiederum nicht heißt, daß man diese Wirklichkeit nur so erfahren kann, wie sie von der betreffenden Religion beschrieben wird. Da alles aus dieser Urwirklichkeit kommt, kann sie auch in allem aufleuchten, alles kann als ihre Manifestation erfahren werden.

Mystik ist das Bewußtwerden der Wesenseinheit des Geschöpflichen mit der metaphysischen Urwirklichkeit des Göttlichen, aus der alle Differenzierung kommt. Diese metaphysische Urwirklichkeit wird als Leere, als Nichts, als Eins und als Urgrund aller Dinge erfahren. Als solcher entzieht er sich aller Beschreibung und Typisierung. Erfahrung und Beschreibung kommen aus zwei verschiedenen Bewußtseinszuständen. Erst wenn die Erfahrung, die ein Phänomen sui generis ist, in die psychophysische Konstitution des empirischen Ego eindringt, wird sie faßbar und beschreibbar. Das empirische Ego hat viele Räume bereit, in die eine mystische Erfahrung einfließen kann. Solche Räume differieren je nach Rasse, Alter, Bildung, Religion und gesamtpsychischer Konstitution. Um ein ganz einfaches Beispiel zu nennen: In einem gefühlsbetonten Menschen wird sich die Erfahrung sehr stark in Gefühlen äußern; in einem intellektuell betonten Menschen dagegen in Begriffen.

Es muß bei alledem auch unbedingt berücksichtigt werden, wie tief und umfassend die Erfahrung war. Es gibt viele Grade, und nur die höchsten Grade sind hier angesprochen.

Der Mensch bereitet also die Erscheinungsform der Erfahrung vor. Was immer auch aufgenommen wird, wird entsprechend der Natur des Aufnehmenden aufgenommen. Er stellt die Räume, die Formen bereit, in denen die Erfahrung faßbar wird. Wer einen persönlichen Gott verehrt, wird vermutlich der letzten Wirklichkeit ganz von selbst einen personalen Zug geben; wer mehr dazu neigt, den Urgrund seines Seins selbst für göttlich zu halten, wird der Erfahrung eine mehr a-personale Form geben.

Artikulierte Erfahrung ist immer nur Chiffre für das eigentliche Erleben. Die Chiffre wird im allgemeinen den religiösen Ausgangspunkt erkennen lassen, das religiöse Fundament, auf dem sich die Mystik erhebt. Wenn sich Mystik allerdings hoch genug erhebt, spielt das Fundament keine entscheidende Rolle mehr. Alle mystische Erfahrung konvergiert in ihrer höchsten Spitze, ganz gleich, welches Fundament sie hat. Wie könnte es anders sein? Die Wahrheit ist nur eine. Gott kann nur einer sein.

Diese eine Wahrheit ist in der echten Mystik, die nicht überlagert ist von Visionen, phantastischen Vorstellungen und parapsychologischen Einflüssen, relativ leicht zu erkennen, ganz gleich, aus welchem religiösen Vorverständnis und Kulturkreis sie kommt. Je reiner die Wahrheit erfahren wird, umso besser findet sie sich charakterisiert mit dem Satz: Mystik ist Bewußtwerden der Wesenseinheit des Geschöpflichen mit der metaphysischen Urwirklichkeit, aus der alle Differenzierung hervorgeht.

Die mystische Erfahrung scheint die einzige Hoffnung für eine Ökumene der Weltreligionen zu sein. Mystische Menschen können einander im allgemeinen sehr gut verstehen, selbst dann noch, wenn die Ausdrucksformen des anderen den eigenen widersprechen. Es besteht eine Affinität zwischen Parmenides, Plotin, Eckehart, Nikolaus von Kues und Johannes vom Kreuz, um nur einige zu nennen. Die gleiche Wahrheit leuchtet bei allen auf. Sie entzieht sich jedem Subjektivismus. Echte mystische Erfahrung predigt die Wahrheit, wenn auch in ganz verschiedener Form. Der mystische Mensch besteht auch schwerlich auf dem Wortlaut seiner Formulierungen. Worte können nur deuten, nicht enthüllen. Sie bringen im andern die gleiche Saite zum Schwingen und erzeugen den gleichen Ton. Er versteht, daß die gleiche Wahrheit angesprochen wird.

AN STELLE EINES NACHWORTES

„Wenn du glaubst, der Weg des Gebetes, den ich dir in diesem Buch beschrieben habe, entspreche dir geistlich oder vom Temperament her nicht, dann lasse ihn. Suche dir dann voll Vertrauen und mit der Hilfe eines klugen Ratgebers einen anderen Weg. In diesem Fall wirst du mir nachsehen, was ich hier geschrieben habe. Ich habe wirklich nur meiner einfachen Kenntnis entsprechend von diesen Dingen geschrieben. Mein einziger Wunsch war, dir zu helfen. Vielleicht liest du es zwei- oder dreimal durch, denn je öfter du es liest, um so mehr wirst du es verstehen und in seinen Sinn eindringen. So verstehst du vielleicht die Sätze, die dir zunächst dunkel und schwer verständlich erscheinen, besser, wenn du sie nochmals liest.“

„Oft kommt es vor, daß der Ruf zum kontemplativen Leben an Menschen aller Lebensbereiche ergeht, an Ordensleute wie an Laien. Doch sobald sie nach eingehender Prüfung und zuverlässigem Rat sich für den kontemplativen Weg entschieden haben, fallen ihre Freunde und ihre Familie in einem Sturm der Entrüstung und Ablehnung über sie her und werfen ihnen Müßiggang vor. Sie bringen alle möglichen Geschichten vor, wahre und unwahre, von anderen, die auch diesen Weg gegangen sind und mit denen es kein gutes Ende nahm. Sie wissen nichts Gutes zu berichten, auch von denen nicht, die durchgehalten haben.“

(Kontemplative Meditation. Mainz 1974; Seite 138 und 74)

LITERATURHINWEISE

1. Meister Eckehart

In diesem Buch wird Kontemplation an Aussagen Meister Eckeharts erläutert. Es geht dabei nicht darum, ob er rechtgläubig oder häretisch war, oder ob die angeführten Zitate wirklich alle von ihm stammen oder nicht. Ja, es steht nicht einmal zur Diskussion, ob Eckehart selbst Mystiker war oder nicht. Im Mittelpunkt steht vielmehr die Tatsache, daß sich der kontemplative Mensch in seinen authentischen oder ihm nur zugeschriebenen Predigten verstanden und artikuliert fühlt. Das christliche mystische Selbstverständnis des Kontemplativen wird in diesen Predigten wiedergegeben. Er ist Zeuge einer Erfahrung.

Man darf daher auch nicht argumentieren, daß der Durchschnittschrist Eckehart gar nicht versteht, weil er dessen lateinische Werke nicht gelesen hat und auch die Scholastik nicht kennt. Wer in Eckeharts Schriften nur scholastische Lehrwiedergabe sehen kann, hat ihn nicht verstanden. Mit der neuplatonischen Ideenlehre läßt sich Eckehart so verdünnen, daß er zum gewöhnlichen Theologen wird. Dann kann man Eckehart allerdings ad acta legen; die Predigten haben ihren Saft und ihre Kraft verloren. Es bleibt dann nur noch das Rätsel, warum Eckehart seine kühnsten „scholastischen" Aussagen nicht in seinen lateinischen Werken, in denen er sich als „Magister" zeigt, gemacht hat, sondern in seinen Predigten vor dem einfachen Volk, wo er als „Lebemeister" sprach. Warum so viel innere Glut für eine Idee?

Der Kern der mystischen Erfahrung ist die „eine Wesenheit mit Gott". Wer nicht dahin gelangt, ist nicht zum eigentlich Mystischen vorgedrungen. Daß sich Mystiker unter dem Druck kirchlicher Autorität oft gemäßigter ausgedrückt ha-

ben, ist kein Gegenbeweis. Man lese nur die Lebensbeschreibung von Theresia von Avila und Johannes vom Kreuz, um zu wissen, welche Angst sie vor der Inquisition ausgestanden haben.
Bei all dem Gesagten darf man nicht übersehen, daß Eckehart auch ein schlicht gläubiger Mensch war, der einen personalen Gott verehrte und mit Herz und Gemüt zu ihm betete. Jede Mystik hat ihre religiöse Basis, von der sie aufsteigt, und diese Basis ist im allgemeinen theistisch. Das ist bei Eckehart nicht anders. Aber er erhebt sich von dieser Ebene zu einer Höhe, die jede Begrifflichkeit übersteigt. Wie alle Mystiker gelangt er zur Wesenseinheit mit dem Numinosen, zum Gipfel aller Religion. Dort konvergiert alle Mystik, gleich von welcher Basis sie sich erhebt.
Es gilt heute wie damals, was Tauler vermutlich vor dominikanischen Mitbrüdern und Nonnen über Eckehart gesagt hat:

> „. . . dahinein können die nicht kommen, die in ihrer natürlichen Vernunft aufgewachsen, in ihrer eigenen Sterblichkeit erzogen sind und ihren Sinnen gemäß gelebt haben, ganz gewiß nicht. So lehrt es und sagt euch hiervon ein liebenswerter Meister, aber das versteht ihr nicht. Er sprach aus dem Blickwinkel der Ewigkeit, ihr aber faßt es der Zeitlichkeit nach auf. Meine Lieben, habe ich euch nun zuviel gesagt, so ist es doch Gott nicht zuviel gewesen."

Benützte Übersetzungen:

Herman Büttner, Meister Eckeharts Schriften und Predigten. Jena 1909.
Herman Büttner, Meister Eckeharts Schriften. Jena 1934
Josef Quint, Meister Eckehart: Deutsche Predigten und Traktate. München 1977

2. Die Wolke des Nichtwissens

Einzelheiten über den Verfasser und die Entstehung dieser Schrift können den genannten Ausgaben entnommen werden. In diesem Buch wurde die deutsche Übersetzung von Georga Willems zu Grunde gelegt, die ihrerseits die Übersetzung von William Johnston als Vorlage hat.

Benützte Übersetzungen:

Kontemplative Meditation. Die Wolke des Nichtwissens. Herausgegeben von Willi Massa; übersetzt von Georga Willems. Mainz 1974

The Cloud of Unknowing and the Book of Privy Counseling. Edited by William Johnston. New York 1973

The Cloud of Unknowing and other Works. Edited by Clifton Wolters. Harmondsworth 1978

Die Wolke des Nichtwissens. Übertragen und eingeleitet von Wolfgang Riehle. Einsiedeln 1980

3. Der Weg des Schweigens

Man nimmt an, daß diese Schrift vom gleichen Verfasser wie die Wolke des Nichtwissens stammt. Für dieses Buch wurde die Übersetzung von Georga Willems zu Grunde gelegt. Die englische Ausgabe, die der deutschen Übersetzung als Vorlage dient, hat William Johnston herausgegeben.

Benützte Übersetzungen:

Der Weg des Schweigens. Herausgegeben von Willi Massa; übersetzt von Georga Willems. Kevelaer 1974

The Book of Privy Counseling. In: The Cloud of Unknowing. Edited by William Johnston. New York 1973

The Epistle of Privy Counsel. In: The Cloud of Unknowing and other Works. Edited by Clifton Wolters. Harmandsworth 1978

ANMERKUNGEN

I. DER WEG ÜBER KÖRPER UND ATEM

1 Kleine Philokalie, ausgewählt und übersetzt von Matthias Dietz. Zürich 1976; Seite 159
2 Ibid., Seite 181
3 Ibid., Seite 148
4 Ibid., Seite 182
5 Ibid., Seite 180
6 Kontemplative Meditation. Mainz 1974
7 Der Weg des Schweigens. Kevelaer 1974
8 Kontemplative Meditation, op. cit., Kapitel 7, Seite 59
8a Pierre Jacquet, Umbrien. Starnberg 1966; Seite 74 und 76
9 Kontemplative Meditation, op. cit., Kapitel 7, Seite 60
10 Ibid., Kapitel 36, Seite 93
11 Ibid., Kapitel 8, Seite 62–63
12 Ibid., Kapitel 4 und 5, Seite 56
13 Johannes vom Kreuz, Empor den Karmelberg. Einsiedeln 1964; Buch II, 16,6
14 Ibid., Buch II, 12,1
15 Theresia von Avila, Die innere Burg. Zürich 1979; Seite 76
16 Augustine Baker, Die inneren Weisungen des Heiligen Geistes. Übertragen von Lilo Ebel; Freiburg 1955; Seite 49–50
17 Josef Quint, Meister Eckehart. München 1977; Seite 432–433
18 Ibid., Seite 180
19 Kontemplative Meditation, op. cit., Kapitel 6, Seite 58
20 Ibid., Kapitel 34, Seite 92

II. WAHRNEHMUNG DES EIGENEN SEINS

1 Der Weg des Schweigens, op. cit., Seite 82 und 83
2 Ibid., Seite 77
3 Ibid., Seite 49
4 Ibid., Seite 58
5 Ibid., Seite 45
6 Ibid., Seite 38
7 Quint, Meister Eckehart, op. cit., Seite 434
8 Theresia von Avila, Die innere Burg, op. cit., 4. Wohnung, 3. Kapitel, Seite 77
9 Ibid., 4. Wohnung, 1. Kapitel, Seite 63
10 Ibid., Seite 64
11 Der Weg des Schweigens, op. cit., Seite 34

III. WAHRNEHMUNG GOTTES

[1] Quint, op. cit., Seite 353
[2] Der Weg des Schweigens, op. cit., Seite 77–79
[3] Ibid., Seite 101
[4] Kontemplative Meditation, op. cit., Kapitel 46, Seite 105
[5] Der Weg des Schweigens, op. cit., Seite 51
[6] Das „Selbst", wie es der Verfasser hier gebraucht, entspricht dem Ausdruck „nacktes Sein" in unseren Ausführungen.
[7] Der Weg des Schweigens, op. cit., Seite 79–81
[8] Kontemplative Meditation, op. cit., Kapitel 43, Seite 102
[9] Ibid., Kapitel 68, Seite 132
[10] Ibid., Seite 133
[11] Quint, Meister Eckehart, op. cit., Seite 146
[12] Der Weg des Schweigens, op. cit., Seite 107–108
[13] Quint, Meister Eckehart, op. cit., Seite 148
[14] Quint, Meister Eckehart, op. cit., Seite 144
[15] Johannes vom Kreuz, Empor den Karmelberg. Übertragen von Oda Schneider; Einsiedeln 1964; Seite 76
[16] Quint, op. cit., Seite 213
[17] Ibid., Seite 216
[18] Ibid., Seite 309
[19] Ibid., Seite 308
[20] Ibid., Seite 225
[21] Ibid., Seite 205
[22] Ibid., Seite 269
[23] Ibid., Seite 383
[24] 1 Kor 14,27
[25] Quint, Meister Eckehart, op. cit., Seite 433
[26] Ibid., Seite 329
[27] Ibid., Seite 167
[28] Ibid., Seite 145
[29] Ibid., Seite 450
[30] Karl Rahner, Christsein in der Kirche der Zukunft. Orientierung, 31. März 1980; Seite 66

IV. PERSONALISIERUNG DER ERFAHRUNG

[1] Wolfgang Riehle, Die Wolke des Nichtwissens. Einsiedeln 1980; Kapitel 71, Seite 150
[2] Quint, Meister Eckehart, op. cit., Seite 324
[3] Ibid., Seite 307
[4] Ibid., Seite 304
[5] Herman Büttner, Meister Eckeharts Schriften und Predigten. Jena 1909; Band 2, Seite 212
[6] Quint, Meister Eckehart, op. cit., Seite 283
[7] Ibid., Seite 286

[8] Ibid., Seite 358
[9] Ibid., Seite 159
[10] Ibid., Seite 443
[11] D. h. eine mystische Erfahrung hat.
[12] Quint, op. cit., Seite 160
[13] Ibid., Seite 161
[14] Ibid., Seite 162
[15] Ibid., Seite 163
[16] Ibid., Seite 239
[17] Ibid., Seite 239
[18] Ibid., Seite 181
[18a] Tauler, Predigten. Einsiedeln 1979; Band 1, Seite 207
[19] Quint, Meister Eckehart, op. cit., Seite 450
[20] Ibid., Seite 60 und 61
[21] Ibid., Seite 61

V. WANDEL DER PERSÖNLICHKEIT

[1] Riehle, Wolke des Nichtwissens, op. cit., Kapitel 69, Seite 147
[2] Büttner, Meister Eckeharts Schriften und Predigten, op. cit., Seite 76
[3] Quint, Meister Eckehart, op. cit., Seite 291
[4] Quint, op. cit., Seite 357
[5] Quint, op. cit., Seite 358 und 359
[6] Ibid., Seite 179
[7] Ibid., Seite 60
[8] Baker, op. cit., Seite 49–50
[9] Meister Eckehart, Vom Wunder der Seele. Stuttgart 1979; Seite 23
[9a] Quint, op. cit., Seite 181
[9b] Ibid., Seite 186
[10] Ibid., Seite 379
[11] Ibid., Seite 186

VI. GOTT, DER EINFALTIGE – GOTT, DER VIELFALTIGE

[1] Quint, op. cit., Seite 60
[2] Vgl. Knut Walf, Stille Fluchten – Vermutungen zum Exodus aus der Kirche. Orientierung, 28. Februar 1981, Seite 41–45
[3] Büttner, Meister Eckeharts Schriften und Predigten, op. cit., Seite 175
[4] Ibid., Seite 181
[5] Ibid., Seite 182
[6] Ibid., Seite 183
[7] Ibid., Seite 183–184
[8] Quint, op. cit., Seite 41–42
[9] Büttner, Meister Eckeharts Schriften. Jena 1934; Seite 292–293
[10] Johannes vom Kreuz, Empor den Karmelberg. Einsiedeln 1964; Band 1, Seite 127

[11] Büttner, Meister Eckeharts Schriften und Predigten, op. cit., Band 2, Seite 187–188
[12] Quint, op. cit., Seite 180
[13] Karl Rahner, Christsein in der Kirche der Zukunft. Orientierung, 31. März 1980, Seite 67

VII. ALLGEMEINE PERSPEKTIVEN

[1] Quint, op. cit., Seite 287
[2] Claudio Naranjo u. Robert Ornstein, Psychologie der Meditation. Frankfurt 1976
[3] Knut Walf, Stille Fluchten – Vermutungen zum Exodus aus der Kirche. Orientierung, 28. Februar 1981
[4] Fritjof Capra, Der kosmische Reigen. München 1977

ANHANG

Einführung zu den Erfahrungsberichten (EB)

Die Berichte wurden von Kursteilnehmern geschrieben, die den kontemplativen Weg unter Anleitung gegangen sind. Manchen wurde sehr bald eine tiefe Erfahrung geschenkt. Andere mußten jahrelang „sitzen“. Unter „Sitzen“ wird in allen Ausführungen die ruhige Körperhaltung in einem Meditationssitz verstanden. Alle Schreiber haben an Kursen teilgenommen, in denen täglich bis zu acht Stunden „gesessen“ wird.

Die Erfahrungsberichte unterscheiden sich sehr von einander, entsprechend der Individualität der Schreiber. Eine mystische Erfahrung als solche zu erkennen, ist für einen, der auf dem Weg ist, nicht immer leicht. Der Betroffene weiß oft selbst nicht, wo er steht.

Man muß sich von der Vorstellung trennen, daß dem Menschen, wenn er die letzte Wirklichkeit berührt, immer sofort das Wort „Gott“ einfällt. Dieses Wort, das ihm so geläufig ist, erweist sich als viel zu abgegriffen für das, was ihm widerfährt. Es ergeht ihm zunächst wie Mose vor dem Dornbusch. Er ist betroffen und zieht die Schuhe aus. Dann erst fragt er: „Wer bist Du?“ (Vgl. EB V). Wenn sich jemand vor dem Bergbach verneigt, ist damit nichts anderes ausgedrückt. (Vgl. EB III,10). Echte Mystik äußert sich oft in unverständlicher, ja verrückt anmutender Sprache und Handlung. Wenn es im Bericht IV,1 heißt: „Ein Mann hob mit Schwung eine Hacke. Ich wollte ihm zurufen: ‚Ja, genau das ist es!‘“, dann erkennt wohl nur einer, der selbst durch eine Erfahrung gegangen ist, die ungeheure Tragweite dieser scheinbar „nichts-sagenden“ Worte. Für einen anderen wirken sie im besten Falle komisch.

Warum das Übersenden einer Blume eine tiefe Aussage für eine Erfahrung sein kann, ist so schwer zu erläutern, daß es besser ganz unterlassen wird; obwohl für den, der begreift, damit alles gesagt ist. Natürlich muß man den Absender kennen und wissen, daß, wenn zwei das gleiche tun, es deshalb noch nicht das gleiche bedeuten muß (Vgl. EB III,12). Mystische Erfahrung kann zutiefst in einer Geste, ja sogar im Verharren in der Stille und im Schweigen ausgedrückt werden. Der die Frage stellende Meister versteht die Antwort. Daneben gibt es die poetische, aber auch die profane Sprache der Mystik. Das Hohelied des Alten Testaments ist ein Beispiel. Es ist ursprünglich ein säkulares Liebeslied. Aber viele Mystiker haben gefühlt, daß es ihre tiefste Erfahrung ausdrückt; darum hat es allen Versuchen, es aus dem Kanon zu entfernen, widerstanden.

Die Eucharistie spielt im Leben des Christen eine entscheidende Rolle. Wohl bei jedem, der auf dem kontemplativen Weg fortschreitet, wandelt sich das Eucharistieverständnis (Vgl. EB VI,7 und EB VII). Das Moment der Einheit der Schöpfung bricht mit Macht durch. „Das ist mein Leib." Die Tragweite dieses Wortes überschüttet den Menschen. Der Schöpfungsleib Gottes wird erfahren. Die ganze Schöpfung ist Leib Gottes.

„Pignus futurae gloriae," dichtete Thomas von Aquin, „Unterpfand der kommenden Herrlichkeit." So wie dieses Brot Gottes transparent ist, wird es einmal die ganze Schöpfung sein. Die Erfahrung kennt kein Später und kein Früher und daher auch keine Eschatologie im üblichen Sinn. Sie kennt nur das Jetzt, das Ewigkeit ist. Die Aussagen des Erfahrungsberichtes VI,7 bedeuten nicht eine Herabwürdigung der Eucharistie. Im Gegenteil, alles wird auf die Höhe des eucharistischen Brotes gehoben. Alles ist heilig. Alles ist Gottes voll, auch das Brot auf dem Frühstückstisch, der Mitmensch und die Berge und Flüsse. Alles ist das eine Leben.

Die meisten Veröffentlichungen unserer Zeit, die sich mit Meditation befassen, sind mit musikwissenschaftlichen Arbei-

ten zu vergleichen, die alte Partituren zu entziffern versuchen. Man weiß eine Menge über Kompositionen und Komponisten, über Resonanz und Dissonanz, hat aber nie ein Konzert besucht. Man weiß nicht, wie eine solche Partitur, die ja geschriebene Musik ist, wirklich klingt.
In den Erfahrungsberichten aber treffen wir Menschen, die über Erlebtes schreiben. Die Erfahrung dringt durch Begriffe und Worte zum Wesen der Dinge vor (Vgl. EB I,50). Die Berichte passen daher nicht unbedingt in das begriffliche Schema, das in bezug auf Mystik geläufig ist.

ERFAHRUNGSBERICHT I

EB I,1

Seit vorgestern ist alles anders. Das „Loslassen" beginnt, und zwar zunächst unmerklich, aber dann sehr schmerzhaft. Plötzlich ist das Nichts da, oder besser – ich ahne es – ich stehe am Anfang des Nichts, der Wüste. Ich möchte mich halten, festhalten – und eigentlich gibt es nichts, das da wäre. Mit einer seltenen Wachheit sieht und spürt man zwar auch die Dinge um sich, aber sie sind trotzdem fern, man kommt nicht bis zu ihnen. Es ist ein Gefühl des Allein- und Verlassenseins. Die Augen sind geschlossen, obwohl sie weit geöffnet sind und alles wahrnehmen. Es ist, als sähen sie nach innen und suchen dieses „Du", das mein Leitwort ist. Aber derzeit gibt es kein „Du", sondern nur ein Nichts.

Das Leben geht weiter; ich stehe meinem Mann und den Kindern gegenüber. Sie sind da, ich bin da, und doch sind wir einander unendlich fern. Ich weiß, daß dieser Zustand vorübergehen wird und muß, aber wie lange wird er dauern? Der Weg ist schwer, aber ich glaube, daß er nicht in den Abgrund, sondern letztlich zum Licht führt. Auch wenn es jetzt nur dieses Nichts gibt, so habe ich heute doch erstmals bei der Eucharistiefeier manche Worte in neuer Weise verstanden. Manche Bibelstellen fallen mir ein und erschließen sich in einer bisher nie gekannten Weise.

EB I,2

Oft kommen quälende Gedanken, aber eigentlich können sie mir doch nichts anhaben; nur die Träume nachts zeigen auch die Veränderung, die mit mir vorgeht. Ist sie den anderen um mich auch bewußt? Mein Mann spürt sie. Ich versuche, ihm – soweit dies geht – einiges zu erklären. Aber die Veränderung ist ja mir selbst nicht faßbar. Jeden Morgen meditiere ich eine halbe Stunde auf der Suche nach dem „Du" in dem Nichts, das derzeit in und um mich ist. Hoffentlich kann ich durchhalten. Ich beginne, die Frage eines mir bekannten Liedes zu verstehen: Warum, o Herr, ist denn die Nacht so lange, so lange für mich? Wie lange wird sie für mich wirklich dauern? Ist es überhaupt eine Nacht? Irgendwie lebe ich doch, und zwar auf neue Weise; ich sehe neue Dinge, erlebe meinen Körper ganz neu, spüre meine Haut, meinen Atem, meinen Herzschlag. Aber dann ist wieder in mir dieses Nichts, und ich möchte mich festhalten und kann es doch nicht, denn eigentlich ist nichts wirklich. Werden meine Augen, die nach innen schauen und dort nichts sehen, einmal sehen dürfen?

EB I,3

Wenn ich gewisse Gegenstände, etwa Geschirr, angreife, so spüre ich sie stärker als bisher. Gleichzeitig aber merke ich, daß ich von ihnen irgendwie getrennt bin. Und da taucht wieder die Angst auf; ich fasse andere Dinge an, um mich zu halten, aber auch sie sind irgendwie fern.

Alles ist zu einem großen Fragen geworden. Abends fühle ich ganz deutlich den Abstand zwischen mir und meinen Lieben, der Natur, die mich umgibt, dem Himmel, den ich sehe. Es ist, als wäre alles durch eine unsichtbare Wand von mir getrennt.

Die Dinge im Alltag erledige ich mit weniger Unruhe als sonst. Nichts eilt und drängt mehr wie früher, denn alles ist irgendwie nicht so wichtig.

Manchmal stelle ich mir die Frage: bin ich wirklich? Sind die Menschen um mich mit ihren Problemen und Sorgen tatsächlich da? Das führt oft zu eigenartigen Dingen. Hin und wieder fallen mir beinahe nicht die richtigen Worte ein, wenn ich mit jemandem spreche. Bei lustigen Erzählungen muß ich übertrieben viel lachen. Was so lustig erscheint, berührt mich dabei aber gar nicht; es ist wieder, als wären die Menschen um mich nicht richtig da.

EB I,4

Den ganzen Tag über begleitet mich das „Du". Manchmal bin ich dabei sehr ruhig, manchmal freilich ist es Angst, die mich umgibt. Dann streiche ich wieder mit den Händen über die Dinge, die ich sehe. Ich spüre, sie sind da und doch so weit weg von mir.

Hin und wieder, ganz schwach freilich, und heute früh ein bißchen stärker, stellt sich plötzlich ein Gefühl der Freude ein, aber eigentlich nicht richtig zu benennen, so eigenartig ist es. Die Dinge, die ich täglich tun muß, belasten mich nicht mehr wie früher. Nichts scheint mehr so wichtig, denn irgendwie bin ich von allem getrennt. Manchmal reiße ich die Augen auf und versuche diesen Abstand zu überwinden; aber es geht nicht, denn eigentlich sehen meine Augen nach innen und fragen nach dem „Du".

Trotzdem sehe ich viele Dinge des Alltags anders und besser als sonst. Auch beim Hören von Musik scheint es mir, als stünde hinter den Tönen oft die Frage nach dem rätselhaften „Du". In meinen Bewegungen und in meiner Sprechweise macht sich eine gewisse Bedächtigkeit bemerkbar. Heute scheint es mir, als fänden alle Dinge, die sind und doch irgendwie nicht sind, näher zueinander, doch kann ich das nicht genauer beschreiben.

Wenn ich nach herkömmlicher Weise bete, dann steht auch hinter diesen Worten die Frage nach dem „Du", denn nichts ist derzeit eigentlich wichtig, nur dieses „Du".

EB I,5

Gestern vormittag war mir, als würde ich mich auflösen, als könnte ich fliegen oder zerfließen. Es war ein ganz eigenartiges, nie gekanntes Gefühl, eigentlich unbeschreibbar. Besonders deutlich wurde es, als ich auf dem Boden lag, vor den eutonischen Übungen. Es dauerte vielleicht einige Minuten in dieser Intensität. Ich habe dann noch eine Stunde meditiert, aber ohne Besonderheiten. Auch der ganze Tag verlief ganz normal. Nur abends, als meine Eltern fortgingen, wurden für Augenblicke Eltern und Auto in eigenartiger Weise eins.

Nach einem Meditationsnachmittag trat bei dem letzten Sitzen ein eigenartiges Phänomen auf. Plötzlich fühlte ich die vorher sehr starken Schmerzen in den Beinen nicht mehr; ich fühlte nur noch eine ungeahnte Freude, die ständig andauerte. Auch nach der Meditation klang sie noch lange nach.

Ich weiß aber, daß ich den letzten Schritt des Loslassens, der völligen Hingabe an Gott noch nicht getan habe, ihn aber tun möchte. Meditation ist – das spüre ich ganz deutlich – nicht bewußt machbar und steuerbar, sondern ein Warten vor Gott im Schweigen des Glaubens. Vielleicht bringt der kommende Meditationskurs einen Schritt vorwärts.

Zu meiner Familie glaube ich ein neues Verhältnis zu haben. Nach einer Zeit des Abstands, fast der Gleichgültigkeit ihr gegenüber, finde ich in beglückender Liebe zu meinem Mann und den Kindern.

EB I,6

Heute beginnt der Fortsetzungskurs. Ich habe wenig und schlecht geschlafen und viel geträumt. Ich komme nicht los von meiner Familie. Ich habe Angst. Hoffentlich gelingt mir die Loslösung doch noch.

Jetzt ist es abends. Es fällt mir schwer zu schreiben. Meine Angst war unbegründet. Schon seit Nachmittag scheint das „Du" tragfähig zu werden. Ich hatte das Gefühl, mich unbedingt darauf einlassen zu können; so als würde die Eisdecke eines Teiches fest genug sein, um mich auszuhalten.

EB I,7

Die abendliche Meditation begann ruhig. Ich verspürte kaum Schmerzen, nur ein leichtes Ziehen in den Beinen und der linken Schulterpartie. Am Ende des zweiten Sitzens begann plötzlich große Freude in mir aufzusteigen, nachdem vorher schon alles merkwürdig klar und beinahe durchsichtig wurde. Sogar die Betonwand wollte transparent werden. Ich meinte, immer weiter in dieser Freude bleiben zu können. Der meditative Gang unterbrach dieses Gefühl, aber beim dritten Sitzen stellte es sich wieder ein. Mit der Freude ging ich auf mein Zimmer, und da packte sie mich so stark an, daß ich es wie Schmerz empfand, – und aus der Freude heraus mußte ich weinen.

EB I,8

Ich konnte mich getrost in dieses „Du“ fallen lassen; es umfing mich förmlich mit unendlicher Liebe, freilich ohne sich näher zu erschließen.

Das Schreiben fällt mir sehr schwer. Ich kann kaum die Hand richtig halten. Vor wenigen Minuten, als ich nach der Meditation auf mein Zimmer kam, überwältigte mich die Freude noch einmal mit ungeheurer Macht. Ich glaubte, es nicht ertragen zu können. Ich weinte und lachte und wußte eigentlich gar nicht, was ich tat. Der Zustand dauerte einige Minuten.

Ich werde immer mehr von einer großen Ruhe und Freude durchströmt. Am liebsten hätte ich alle übrigen Kursteilnehmer umarmt. Ich wollte sie teilnehmen lassen an der Freude. Auch mein ganzer Körper fühlt diese Freude.

EB I,9

Das vormittägige Sitzen brachte eigentlich nicht viel Neues. Hin und wieder versuchten Fratzen und „Teufel“ sich an die Stelle des „Du“ zu drängen, aber es gelang ihnen nicht. Beim letzten Sitzen machte sich, obwohl ich kaum Schmerzen habe, eine gewisse Schwäche mit Schweißausbrüchen bemerkbar.

Jetzt ist früher Nachmittag. Ich habe ein wenig geschlafen. Ich bin sehr froh, aber noch immer müde. Alles ist wunderschön – und hat sich doch eigentlich gar nicht verändert. Überall bin ich getragen und gehalten von dem „Du“. Nach der letzten Meditation fühle ich mich hineingeworfen in einen Zustand völliger physischer Erschöpfung und doch erfüllt von unendlicher Freude, die das „Du“ schenkt. Darf ich es „Gott“ nennen? Ich weiß nicht, ist es Gott; aber ich glaube, es kommt von ihm, und hängt mit ihm ursächlich zusammen.

Immer sicherer wird es in mir, ich darf dieses „Du" anschauen, ich bin hineingenommen in die unendliche Liebe Gottes.

EB I,10

Die abendliche Meditation brachte eine weitere Fülle der Freude. Die physische Schwäche wurde dabei wieder sehr groß, was aber keinerlei Schmerzen bedeutete. Ich fühlte mit meinem ganzen Sein das Hineingenommensein in das „Du", in Gott.

EB I,11

Die morgendliche Meditation war wunderschön. Ich fühlte mich wieder eins mit dem „Du", – nur hin und wieder kamen ein paar störende Gedanken.

Eigentlich möchte ich gar nichts schreiben; denn alles, was ich niederschreibe, kann niemals das ausdrücken, was ich empfangen habe. Gott ist dieses „Du"; er ist in mir und ich darf in Ihm sein, immer und überall, wohin ich auch gehe und was ich auch tue. Ich freue mich jeden Augenblick meines Seins, das in Ihm begründet ist. Ich werde wieder hinaus in das Leben gehen; nichts scheint sich geändert zu haben, und doch hat sich alles geändert.

EB I,12

Es ist drei Uhr morgens. Ich bin aufgewacht. Um mich und in mir herrscht „Du", Gott, in unendlicher Ruhe und Klarheit. Aber es ist mit Worten nicht zu fassen, das Unbegreifliche.

Es ist halb fünf. Langsam wird die Vereinigung schwächer, ich bin sehr müde. Ich möchte noch ein bißchen schlafen bis zum Morgen, – getragen, gehalten von Ihm. Alles ist Gnade.

EB I,13

Ich bin wieder mit meiner Familie beisammen. Die lange Bahnfahrt hat den Übergang zu meinem Mann und den Kindern erleichtert. In einem ziemlich leeren Zug durfte ich mich Gott ganz ausliefern, sein Leben in mir spüren. Über mehrere Stunden geschah mir seine unendliche Gegenwart. Ich registrierte alles um mich, die Menschen im Zug, die Fahrt, die Haltestellen; aber alles war hineingenommen in die unsagbare Freude, die Er schenkt. Dann kam die erste Begegnung mit meinem Mann. Er stand wartend auf dem Bahnsteig des sonst menschenleeren Bahnhofs. In einer stillen Freude konnte ich ihn begrüßen und umarmen. Gemeinsam fuhren wir mit dem Auto den kurzen Weg zum Gasthof, in dem wir unseren Skiurlaub verbrachten. Als wir uns dann allein im Zimmer gegenüberstanden, umarmte ich ihn wieder, und das „ich liebe Dich", das ich ihm sagte, schloß ihn ein in das „Du" des unendlichen Gottes. Dann strich ich den schlafenden Kindern übers Haar.

EB I,14

Der heutige Tag brachte die Begegnung mit den Kindern, die seltsam ruhig verlief, aber auch mit vielen anderen Menschen im Speisesaal und auf dem Skihang. Obwohl ich alles klar erlebte, blieb eine seltsame Stille in mir. Und in allem, was ich sah und erlebte, spürte ich, trotz einer gewissen Trennung von den Dingen, Freude in mir aufsteigen, die auch für meinen Mann und unsere Bekannten, die gemeinsam mit uns den Urlaub verbrachten, deutlich sichtbar wurde.

EB I,15

Heute ist meine Tochter zehn Jahre alt geworden. Ich freue mich natürlich über ihren Geburtstag, aber trotzdem läßt er mich irgendwie unberührt. Es geschieht eben, daß sie ihn feiert, wie auch alles andere geschieht.

Aufgefallen ist mir auch, daß meine Tochter sehr stark die Veränderung spürt, die mit mir vorgefallen ist, ohne daß ich genau sagen könnte, woran ich dies feststelle.

EB I,16

Allmählich bin ich ruhiger geworden. Aber immer noch wache ich nachts auf, erfüllt und beglückt von der Freude Seiner Gegenwart.

Ich konnte noch nie vorher so gelöst und freundlich zu jedem Menschen sprechen. Irgendwie liebe ich alle Menschen, da Er sie doch alle liebt.

Ich habe versucht, mich mit dem Problem der Trinität durch eine Lektüre auseinanderzusetzen; aber all das hat mich nicht weitergebracht, sondern im Gegenteil, sobald das diskursive Denken einsetzt, scheint die in der Meditation gemachte Erfahrung zu schwinden. Ich werde versuchen, zunächst nicht mehr darüber nachzudenken. Für mich ist es Gewißheit, daß ich durch die Taufe in das Leben des trinitarischen Gottes hineingenommen bin.

EB I,17

Ich habe einen neuen Zugang zu den Menschen gefunden, und ich beginne zu erleben, daß wir wirklich alle „Brüder und Schwestern" sind. Ich kann auch mit meinen Eltern, die nicht immer freundlich von mir behandelt wurden, wieder freundlich reden; ihr vieles Reden stört mich nicht mehr so. Meinen Eltern ist meine Freude und Ausgeglichenheit auch aufgefallen. Bei jedem Besuch wundern und freuen sie sich aufs Neue darüber. Sie sagen das von sich aus, so daß wohl tatsächlich eine Änderung in meinem Verhalten vorliegen wird.

EB I,18

Heute ist Aschermittwoch. Ich komme gerade von der abendlichen Eucharistiefeier und Aschenweihe. Schon vor der hl. Messe, vor dem Tabernakel, wurde ich hineingezogen in eine große Freude, die dann auch während der Eucharistiefeier fast ununterbrochen anhielt und nach dem Empfang der hl. Kommunion einen stillen Höhepunkt fand. Alle Menschen rund um mich waren hineingezogen in diese Fülle von Freude; ich hätte sie alle umarmen können.

EB I,19

Ich habe in dieser Woche wieder sehr stark meine Fehlerhaftigkeit und mein Unvermögen erfahren. Es gibt noch so vieles, das sich in meinem Leben ändern muß. Immer mehr erkenne ich, daß ich ziemlich stolz bin und mir auf vieles etwas einbilde, das wirklich nicht mein Verdienst ist. Immer mehr erkenne ich, daß alles Gute Sein Geschenk und Seine Gnade ist, – aber trotzdem gibt es diese Überheblichkeit in mir. Ich merke es dann auch während der Meditation, daß sich meine Schultern wieder verkrampfen, daß ich manchmal zurückgeworfen werde in die okkulte Phase, daß wieder hämisch grinsende Fratzen auftauchen, daß ich mich plötzlich wieder aufgelöst ins Nichts empfinde. Aber ich weiß, daß ich diese Dinge nicht beachten darf und versuche, sie wirklich nicht zu beachten, sondern nur bei meinem Leitwort „Du“ zu bleiben.

EB I,20

Ich habe mich in dieser Woche vielleicht zu sehr an den Dingen dieser Welt gefreut. Ich habe mir zwei neue Kleider und neue Schuhe gekauft, ich war mit meinem Mann im Theater, und ich habe mich gefreut, daß es endlich Frühling geworden ist, daß ich die ersten Primeln und Leberblümchen pflücken konnte. Bei all dem habe ich zwar versucht, „nichts zu fühlen, nichts zu sehen und nichts zu hören" und dennoch Gott im Schweigen des Glaubens zu begegnen. Aber ich habe trotz großer Anstrengung und häufiger Meditation nicht jene Tiefe erreicht, die ich in früheren Meditationen erfahren durfte.

EB I,21

Vor einigen Tagen starb nach langem Leiden der Vater einer Lehrerkollegin. Die Verwandten wußten zunächst selbst nicht, wie es um ihn stand. Doch auch als sein Befinden immer schlechter wurde und sie Gewißheit hatten, daß sein Leben zu Ende ging, wurde der Kranke über seinen Zustand im Unklaren gelassen. Ich hatte mir vorgenommen, mit der Kollegin noch zu sprechen, ob nicht ein bewußtes Erleben des Todes für diesen Menschen möglich wäre, fand aber nicht die richtigen Worte und auch nicht den richtigen Mut. An dem Tag, als ich mir vornahm, doch noch darauf zu sprechen zu kommen, war der Mann bereits tot.

EB I,22

Die vergangenen zwei Tage und auch der heutige Tag sind schwer gewesen. Ich habe versucht, mich Gott auszuliefern, ich habe jeden Tag die hl. Eucharistie empfangen, und ich habe, außer in einigen ganz kurzen Augenblicken, nichts von Seiner Gegenwart erfahren dürfen. Ich leide darunter, aber dennoch weiß ich um Seine Liebe, auch wenn sie mir derzeit verborgen bleibt.

EB I,23

Heute Nacht, als ich erwachte, brach plötzlich wieder die Freude über mich herein, – ich konnte nichts tun, nur dasein und es an mir geschehen lassen. Das dauerte nicht lange, aber es war dennoch ein ganz starkes Erfahren des Angenommenseins. Heute in der Schule und am Nachmittag hat sich dieses Hineingenommensein in die Freude weiter verstärkt, und fast könnte ich sagen: ich bin Freude.

EB I,24

Nach der morgendlichen Meditation und dem Frühstück ist alles ruhige Klarheit. Insgesamt haben wir heute acht Stunden meditiert und mitsammen die hl. Eucharistie gefeiert. Im Laufe des Sitzens wurde ich dann von vielen Gedanken geplagt, so sehr ich sie auch nicht zu beachten suchte; es gab immer wieder neue. Nur während des Spazierengehens zu Mittag im Park und kurz auch während der Eucharistiefeier gab es wieder Gelöstheit. Bei der vorletzten Meditation aber schaute ich plötzlich das „Du" und fand mich in diesem Schauen am Ziel, hineingenommen in eine absolute Leere, die doch absolute Fülle ist. Ich konnte es nur geschehen lassen.

EB I,25

„Brannte nicht unser Herz, als Er uns die Schrift erschloß", bekannten die Emmausjünger, deren Augen zuerst „gehalten" waren, nachdem sie Jesus erkannten. Das gleiche kann ich auch von mir jetzt rückblickend über die Zeit sagen, als ich nach dem ersten Kurs lange Zeit mit dem „Nichts" lebte, ohne zu wissen, daß es die Fülle, daß es das unendliche „Du" ist.

EB I,26

Allmählich lebe ich wieder zu Hause; ich mache meine Arbeit, ich koche, räume auf, spreche mit den Kindern, mit meinem Mann, gehe einkaufen. Aber in Wirklichkeit bin ich fast ganz in das Eigentum Gottes eingegangen. Er allein ist es, der mich beschäftigt, der mich fordert, der mir immer wieder zeigt, daß ich Ihm gehöre, nicht nur während der Meditation, sondern den ganzen Tag über. Ich spüre Seine Gegenwart – oder ich muß plötzlich in meiner gewöhnlichen Tätigkeit innehalten, stillestehen und ganz einfach vor Ihm da sein. Da gibt es Augenblicke, deren Dauer ich zwar nicht abschätzen kann, die aber sicher kurz sind, obwohl sie mir lang scheinen, da stehe ich wie gelähmt, unfähig auch nur eine winzige Bewegung zu machen. Ich bin wie erstarrt.

Auch nach dem Empfang des Bußsakraments erging es mir gestern ähnlich. Ich konnte das vom Priester aufgegebene Bußgebet unter keinen Umständen sprechen, eigentlich nicht denken, – ich konnte nur wieder im Schweigen des Glaubens vor Gott da sein. Erst nach etwa einer Viertelstunde war es mir dann doch möglich, auch in Worten zu beten.

EB I,27

Wenn ich das aufschreibe, erscheint alles so unfaßbar und eigenartig, und es ist auch nicht begreifbar. Ich habe niemals zuvor etwas Ähnliches erlebt. Auch bei der heutigen Vorbereitung meiner Katechesen, die ich nach Ostern halten werde, erging es mir ähnlich. Ich konnte zeitweilig nicht denken, nicht schreiben, sondern wurde ganz einfach von der Gegenwart Gottes erfaßt.

EB I,28

Gründonnerstag. Es ist, als stürzten Himmel und Erde zusammen und als stürzte ich mit, – hinein in Gott. Es ist, als würde alles neu durch Christus. Ich verstehe, warum es bei der Abendmahlsmesse heißt: „denn in der Nacht, da er verraten wurde“, – das ist heute.

EB I,29

Wieder ist eine Woche vergangen, in der es viel Arbeit und eigentlich auch viele „Aufregungen“ gab; es gab Schularbeiten meines Sohnes und vor allem eine berufliche Veränderung meines Mannes, seine Beförderung. Aber trotz all dieser äußeren Unruhen blieb mein Leben sehr ruhig; alle diese Dinge bedeuteten mir nicht mehr als alles andere Alltägliche, sie waren nicht wichtiger für mich.

EB I,30

Freilich bleiben auch in diesen Tagen immer wieder meine Sünden und Fehler. Aber im schweigenden Dasein vor Gott in der Meditation erlebe ich zwar zunächst den Schmerz über meine Sünden, darf aber dann erfahren, wie durch dieses einfache Dasein vor Gott meine Sünden von Ihm verziehen werden, wie ich angenommen, – und wie ich dann überreich beschenkt werde.

EB I,31

Ich fühle mich gesund und bin, seit ich meditiere, auch wesentlich weniger Krankheiten gegenüber anfällig. Was die physische Schwäche betrifft, so ist sie zwar eine gelegentliche Tatsache, und zwar immer dann, wenn ich sehr tief in dem „Du“ leben darf; gleichzeitig bringt sie für mich aber in der Folge eine wunderbare Kraft. Unsere eigentliche Heimat ist die Wirklichkeitsebene, die sich durch die Meditation erschließt. Ich bewege mich bei allem, was ich tue, in ihr und „sehe“ oft auch, wie die anderen Menschen sich darin bewegen.

EB I,32

Die Frage, ob ich manchmal Angst habe, meine Familie zu verlieren, weil das „Du“ so stark und mächtig wird und von mir Besitz ergreift, ist nicht leicht für mich zu beantworten, aber ich will es dennoch versuchen. Als sich das „Du“ für mich noch nicht erschlossen hatte, sondern nach dem ersten Meditationskurs ein absolutes „Nichts“ für mich war, da war ich für einige Monate auch von meinem Mann und meinen Kindern völlig getrennt. Ich lieferte sie täglich neu diesem „Nichts“ aus, genauso wie ich es auch mit mir selbst tat. Diese Zeit war für mich wirklich sehr schwer durchzustehen, zumal ja meine Familie von all dem nichts ahnte. In dieser Zeit geschah wohl das, was in Lukas 14,26 ausgedrückt wird: „Wer sich mir anschließen will, der muß Vater und Mutter an die zweite Stelle setzen, ebenso Frau und Kinder, Brüder und Schwestern, ja sogar das eigene Leben.“

Als sich dann das „Nichts“ für mich zum erstenmal als Urgrund allen Seins, als unendliche Fülle, als „Du“ erschloß, da habe ich auch die Menschen, die mir am nächsten stehen, aus der Gnade des „Du“ neu empfangen. Seither weiß ich sie hineingenommen in das unendliche „Du“, schenke sie zusammen mit meiner Hingabe auch immer aufs neue dem „Du“ hin und erfahre besonders mit meinem Mann ein neues Einssein auf dieser Wirklichkeitsebene, die mich verstehen läßt, daß Ehe tatsächlich Sakrament ist. Mit dem Verhältnis zu meinen beiden Kindern ist es eigentlich anders. Ich habe sie natürlich nach wie vor sehr lieb, aber es ist vielleicht jetzt so – und das niederzuschreiben fällt mir sehr schwer –, daß ich ihnen nicht anders begegne als anderen Menschen auch. Ich liebe sie um des „Du“ willen und vielleicht nicht mehr so sehr, weil sie meine Kinder sind.

EB I,33

Bis zu meinem 30. Lebensjahr spielte Gott in meinem Leben kaum eine Rolle. Ich stamme aus einer „Durchschnittschristenfamilie“, wo es zwar, sobald nichts anderes wichtiger war, den sonntäglichen Kirchenbesuch gab, der aber sofort zugunsten eines Bade- oder Skiausfluges von meinen Eltern aufgegeben wurde. Als Kind hatte ich, wenn ich dennoch in die Messe gehen wollte, manchen Kampf auszufechten und auch manchen Streit mit meinen Eltern. Dabei ging ich eigentlich nur aus Angst vor einer Höllenstrafe zur Messe. Ich habe im Jugend- und auch im Erwachsenenalter den Meßbesuch, gelegentliche Kommunion und Beichte sowie wohl auch ein kurzes tägliches Gebet beibehalten. Aber dennoch war Gott für mich nicht wichtig.

EB I,34

Das Wetter wurde immer schlechter, und es regnete an diesem Tag sehr viel. Und dennoch war es, als wäre jeder Grashalm, jede Blume, jeder Regentropfen, jeder Blitz und jeder Donnerschlag, als wäre alles, was ich sehen konnte, ein einziger Jubelruf, ein einziges Innewerden des unendlichen „Du", in dem die ganze Schöpfung eins ist und für mich neu geworden ist.

EB I,35

Ich habe das Sakrament der Buße empfangen. Leider habe ich den Beichtpriester nicht gekannt, und es war, als kämen wir aus zwei verschiedenen Welten, als sprächen wir zwei völlig verschiedene Sprachen. Er sah in der Erfüllung von Vorschriften und Formeln, im Festhalten an traditionellen Begriffen, in der Betonung des Amtspriestertums die einzige Möglichkeit, das Christentum vor der endgültigen Profanierung zu retten, und ich konnte, bei aller Achtung, seine Meinung in keiner Weise teilen. An die eigentliche Beichte schloß sich, angeregt von dem Priester, noch ein langes Gespräch, in dem er versuchte, seinen Standpunkt zu verteidigen. Eigentlich sprach für mich daraus – vielleicht zu Unrecht – eine gewisse Angst um seinen eigenen Glauben. Ich habe ein wenig versucht, auch meine Meinung darzulegen; aber es gab keine Verständigungsmöglichkeit. Das Tröstliche war doch, daß wir beide, freilich auf völlig verschiedene Weise, versuchen, für Christus Zeugnis abzulegen.

EB I,36

Mehrmals am Tag geschieht es, als würden die Berge, Wälder, Wiesen und alles, das ich sehe, dem ich begegne, mir plötzlich in einer ganz neuen Weise geschenkt, als sänke alles in das unendliche „Du" hinab und erstünde aus diesem neu als eine differenzierte Ausfaltung des einen ewigen und unveränderlichen Seins. Und in solchen Augenblicken ist alles wie von einem unsichtbaren Glanz durchstrahlt und erhellt.

EB I,37

Diese Tage sind einerseits von einer großen inneren Ruhe getragen, andererseits geschieht es aber manchmal tagsüber und auch nachts in Träumen, daß mit aller Gewalt verschiedene Phantasien mich für Augenblicke mitreißen wollen, manchmal in einem Strudel von sinnlichen Leidenschaften, an die ich niemals im Leben gedacht habe. Freilich vergeht all das sehr rasch wieder, und nachher ist beinahe eine tiefe Stille in mir. Gleichzeitig ist es aber auch, als würde ich ein wenig tiefer in Seine unfaßbare Gegenwart hineingezogen, – und dennoch stehe ich wie am Beginn einer langen Treppe, die in noch verborgene Tiefen führt.

EB I,38

Gestern habe ich das Sakrament der Buße empfangen. Ich habe durch Stunden hindurch versucht, das Bußgebet, ein

Gesätzchen des glorreichen Rosenkranzes, zu beten; aber ich vermochte es nicht. Bereits nach den ersten Worten gab es keine Worte mehr, keine Möglichkeit, sie zu denken, sondern nur ein stummes Verweilendürfen in Ihm.

EB I,39

Bei der heutigen Eucharistiefeier geschah es dann, daß ich während des Einsetzungsberichtes und des gesamten übrigen Teils der hl. Messe eigentlich gar nicht mehr ich war. Es war, als gäbe es mich gar nicht, – und dennoch konnte ich alle Gebete mitsprechen; ich betete sie und doch war es, als betete nicht ich sie, sondern sie entsprangen der Leere, sie wurden aus ihr für mich gebetet.

EB I,40

Alles Geschehen ist nur Ausfaltung Seines Seins. Es geschieht nichts, das in Worte zu kleiden wäre, – und doch geschieht in Seinem unveränderlichen Sein mein Sein und verwurzelt immer mehr darin, so als würde mein Sein immer tiefer Teil Seines Seins.

EB I,41

Heute Nacht – ich war lange Zeit unfähig zur geringsten Bewegung, meine Augen waren geschlossen, und immer tiefer wurde ich hineingezogen in das „Du“, ohne selbst nur das Geringste dabei tun zu können. Und ich begann zu begreifen, was es heißt: „Dein Wille geschehe“. Ihm ganz ausgeliefert sein, – und es war trotz aller Unfähigkeit irgendetwas zu tun, zu wollen oder zu denken, doch so, daß ich Antwort geben konnte: „Dein Wille geschehe an mir!“

EB I,42

Es gibt täglich Versuchungen, die aus dem Inneren aufsteigen, zerfallen, – und in veränderter Form wiederkehren. Und wieder kreisen sie um den Satz: „Und sie . . . verließen alles und folgten ihm.“ Was bedeutet er für mein Leben? Die Antwort ist nur durch das „Du“ erfahrbar, nur im Einssein mit Ihm lebe ich. Warum zweifle ich dennoch? Ich glaube, eins zu sein mit Seinem Willen, – und dennoch steht der Eintritt in den Karmel wieder lockend und mahnend vor mir.

EB I,43

Getrennt von allen Menschen, auch meiner Familie, – und doch geeint mit allen, in Ihm.

EB I,44

Seit Tagen ist es, als „kämpften“ in meinem Innern „Licht“ und „Finsternis“ miteinander. Freilich nicht so, als wären sie gleich stark; denn eigentlich ist alles „Licht“, aber wie Schatten der Finsternis streicht darüber immer wieder die Versuchung. Und das „Licht“, das dennoch unverändert klar leuchtet, ist für mich verhülltes „Licht“. Ich vermag es nicht in strahlender Herrlichkeit zu schauen, sondern nur zu ahnen, freilich mit der Gewißheit, daß Christus selbst dieses „Licht“ ist, – und Himmel und Erde von Seiner Herrlichkeit erfüllt sind.

EB I,45

Gestern abend war ich im Theater. Ich konnte die Aufführung genau verfolgen, dennoch gab es eigentlich nur das Einssein mit dem „Du“. Eigentlich gab es mich gar nicht, ich war eingegangen in das „Du“.

EB I,46

Es gibt keinen Unterschied zwischen Meditation und Alltag; alles ist „Du“.

EB I,47

Leere, die unendliche Fülle ist.

EB I,48

So wie meine alltäglichen kleinen Sorgen und Schwierigkeiten im „Du“ gewandelt und zur Freude werden, so geschieht dies auch mit allem Leid und aller Not dieser Welt, und selbst das Böse, die Sünde, ist davon nicht ausgenommen. Nichts hat Bestand. Alles stürzt im „Du“ zusammen und wird verwandelt, wird Herrlichkeit und ewige Freude.

EB I,49

Eucharistiefeier: Nichts – nur bildloses „Du“.

EB I,50

In jedem Augenblick des Jetzt ist Ewigkeit. Immer klarer darf ich das erkennen, – und es macht mein Leben leicht und beseligend, denn alles, was ich tue, was ich erlebe, – auch wenn es anstrengend oder wenig erfreulich ist – ist gleichzeitig schon gewandelt zur Vollendung. Und obwohl ich in der Zeit lebe, handle und wirke, existiert mein Ich eigentlich gar nicht, sondern ist auch „zur Ewigkeit geworden“.

EB I,51

In dem namenlosen, reinen Nichts gibt es kein „Du“, kein „Ich“; da ist nur Nichts, nur Ewigkeit. Daher gibt es auch kein Einssein mit dem „Du“, da „Du“ und „Ich“ vergangen sind, – und keine Liebe, keine Seligkeit, – nur Nichts, das jenseits aller Religionen und Konfessionen ist. Kein Wort, kein Begriff, kein Bild, keine Vorstellung vermag es auch nur irgendwie auszudrücken, es liegt vor jeder Ausfaltung, vor allem Geschaffenen.

EB I,52

In der Schule fällt es mir manchmal schwer, über die verschiedenen Bibelstellen zu sprechen, denn Abraham und Mose, von denen ich vorwiegend zu erzählen habe, aber auch die Perikopen des Neuen Testaments fallen alle in eins zusammen, und ich bin eins mit ihnen. Aber ich kann andere doch nicht unterrichten: werde eins mit dem „Du“, werde zum „Du“; auch wenn ich immer wieder versuche, die Erfahrung zu verbalisieren. Und dann bleibt die Frage: ist unser Religionsunterricht in den Schulen überhaupt sinnvoll? Aber auch die andere Frage stellt sich: wie weit stehe ich noch auf dem Boden kirchlicher Lehre, wie weit verkünde ich bereits davon abweichende eigene Erfahrungen? Das soll nicht heißen, daß ich mich nicht als Glied der katholischen Kirche bekenne. Ich kann auch heute sagen: Ich glaube an die heilige katholische Kirche. Aber über eine weitgehend kognitive Lehrweise ist Gott nicht erfahrbar.

EB I,53

Nichts weiß ich mehr von Ihm, nichts weiß ich mehr von mir, – niemals aber war ich mehr in Ihm.

EB I,54

Mein Platz ist hier in dieser Welt. Immer deutlicher erkenne ich es: das Ordenskleid, das ich bedauerte nicht tragen zu können, war eine Versuchung für mich. Mitten in meiner Familie habe ich aus dem „Du“ zu leben, nichts sonst; so bin ich auch in diesem einfachen Leben ganz mit der gesamten Schöpfung verbunden, über Zeit und Raum hinweg.

EB I,55

Die Texte der Weihnachtsliturgie fielen alle in eins zusammen und wurden alle zum Nichts. Geschwunden waren auch die Freude und der Friede. Alles wurde zum Nichts. Und in der heutigen Eucharistiefeier sank auch ich in dieses unnennbare, formlose Nichts, – und gleichzeitig stieg daraus im bildlosen Dunkel das Geheimnis der Menschwerdung empor, der Geburt des Sohnes, unserer eigenen Geburt und gleichzeitig der Vollendung der Erlösung, an der die gesamte Schöpfung teil hat.

EB I,56

Heute ist mein 40. Geburtstag. Ich freue mich über die Gratulationen, über die Menschen, mit denen ich heute beisammen war, über die Geschenke, die ich erhalten habe. Ich bin sehr glücklich und froh, bin es aber nicht durch äußere Umstände geworden, sondern durch Ihn. Er hat mich erst zu einem frohen Menschen gemacht. Er hat mich verwandelt.

EB I,57

Es gibt „Stürme“ und „Wellen“ in meinem Leben und manchmal auch die Angst, das Gefühl von Dunkel und Gottverlassenheit und Augenblicke des Zweifels. Aber dennoch ist all das nur ein oberflächliches Geschehen, das letztlich keine Kraft und keine Macht hat und die Ruhe in meinem tiefsten Innern nicht gefährden kann.

EB I,58

Seit gestern bin ich in Jerusalem mit der Gruppenreise für Religionslehrer, die der Leiter unseres Schulamtes führt. Wir haben heute damit begonnen, die heiligen Stätten und Sehenswürdigkeiten der Altstadt zu besichtigen. Ich bin eins mit ihnen und auch mit all diesen Menschen, so verschieden sie auch sein mögen. Und eine tiefe Freude ist in mir. In ihr ist alles Geschaute geborgen. Als wir durch das Menschengewühl der Basare auf der Via Dolorosa gingen, da leuchtete mir die Gewißheit auf: Gott ist nicht nur Mensch geworden, sondern ist Mensch in jedem von uns, und wir alle sind erlöst durch den Gottmenschen Jesus Christus und in Ihm auch vollendet.

EB I,59

Ich bin wieder daheim. Eine wunderbare Reise ist zu Ende. Und bei der heutigen Mitfeier der hl. Messe in der mir vertrauten Pfarrkirche habe ich erkannt: ich bin noch lange nicht am Ziel. Ich muß noch viel einfacher werden.

EB I,60

Gestern war das Begräbnis einer verstorbenen Schulkollegin. In mir war eine große Ruhe, – und der Unterschied zwischen Tod und Leben bestand eigentlich gar nicht. Er war in der Ruhe aufgehoben, – und auch keinen Schmerz und keine Trauer gab es darin, keinerlei Empfindung, nichts, – und darin war doch alles.

EB I,61

In bildloser Weise ruht Er in mir. Ich bin ganz unwissend, und was an mir geschieht, ist nicht in Worte zu fassen; es ist ein Teilhabendürfen an Seinem göttlichen Geheimnis.

EB I,62

Ich sehe immer klarer: meine Familie, meine Tätigkeit als Lehrerin – das ist die mir gestellte Aufgabe. Alle anderen Wünsche und Erwartungen, vor allem die Sehnsucht nach dem Karmel, waren falsch, waren Versuchungen. Mein Platz ist mitten in der Welt, aber im „Du".

EB I,63

Vielleicht habe ich noch nie so klar in der Verschiedenheit die Einheit gesehen, – und nie ist für mich auch so klar und einfach die Einheit von Tod und Auferstehung unseres Herrn Jesus Christus erkennbar geworden. Und dennoch ruht dieses Geheimnis in der Ruhe des unfaßbaren „Du". Meine Katechesen über das Passionsgeschehen werden zunehmend einfacher.

EB I,64

Ich habe das Sakrament der Buße empfangen. In mir leuchtet eine wunderbare Freude und daraus entsteigt die Gewißheit: ich werde geliebt und durch mein ganzes Leben geführt. Ich kann zu allen Situationen „ja" sagen, es kann mir nichts geschehen, geborgen in dieser Freude.

ERFAHRUNGSBERICHT II

EB II,1

Das Meditationsseminar ist zu Ende. Ich sitze am Bahnhof und warte. Mein Leitwort „O" hüllt mich ein; die Menschen

hier sind sehr fern, doch liebe ich sie, jeden einzelnen mit einer nie gekannten Liebe. „O“ schaut sie an – ich schaue sie an. Der Lärm ist ohrenbetäubend, doch er berührt mich nicht. Mir fällt der Psalmvers ein: „Zu hoch ist für mich dies' Wissen . . . ich kann es nicht begreifen“.
Während der ganzen Fahrt ist „O“ da; es ist, als würde es alles vereinen, die Menschen, die vorbeiziehende Natur. Es ist mir alles vertraut und doch neu. Die Begegnung mit den Menschen daheim war so ähnlich wie am Bahnhof. Sie waren mir fern, so ganz anders, zugleich viel näher, und ich hätte jedem sagen wollen: Du bist im „O“. Die Menschen, die ich bediente, und die Gegenstände waren „O“. Es ist wirklich kein Unterschied zwischen Sitzen und Alltag. Ich bin ganz ruhig.

EB II,2

Nachts 1.30 Uhr – ich bin hellwach. „O“ ist – ich setze mich hin – tiefe Ruhe umgibt mich. Um 3.30 Uhr lege ich mich nieder. Am Morgen ist es so, als gäbe es keinen neuen Anfang. Es gibt keinen Unterschied zwischen Sitzen und Schlafen. Mein Verstand kann es nicht verstehen. Ich selbst tue nichts, und es geschieht doch alles auf ganz andere Weise.

EB II,3

Beim Mittagessen war ich zum erstenmal wieder mit Mitarbeitern zusammen. Sie waren mir noch ferner als bei der ersten Begegnung, es war wie ein Schmerz, – und doch fühlte ich mich mit jedem einzelnen tiefer, viel tiefer verbunden als vor dem Meditationsseminar. Verschiedene Gegenstände in meinem Zimmer, an denen ich hing, sind mir jetzt Ballast, und ich gab heute einiges weg. Ich möchte alles hergeben, was ich nicht unbedingt brauche.

EB II,4

Alles fließt weiter. Ich scheue mich fast, das zu sagen: Es ist so, als wäre die ganze Welt mit mir verbunden und ich mit ihr. „O“ durchdringt alles. Eine tiefe Freude ist in mir. Ich ging durch die Geschäftsstraße; es war alles so anders, die Dinge in den Schaufenstern, die Häuser und die Straßen. Aber vielleicht sind die Dinge gar nicht anders, sie sind nur da.

EB II,5

Mir scheint, daß auch der Schlaf anders ist als früher und ebenso die Wachheit, die ich erfahre. Durch „O“ ist einfach alles anders. Vielleicht auch nicht, vielleicht fühle ich es nur so. „O“ war den ganzen Tag da. Ich war mit dem Auto unterwegs. Auf einmal war wieder kein Unterschied, es war alles eins – „O“, das Auto, die Straße, das Gras, die Bäume, die ganze Landschaft. Ich kann es nicht beschreiben, – eine unbeschreibliche Freude erfüllte mich.

EB II,6

Es fließt. „O“ ist da, es ist so, als wollte „O“ zu den Menschen weiterfließen und auch zu den Dingen. Ob ich sitze oder gehe oder arbeite, – es ist gleich, es ist eins.

EB II,7

Das Ich will festhalten – es ist fast wie Schmerz. Alles ist anders. Wer lebt? Lebe ich noch?

4.00 Uhr morgens. Überwach sitze ich bis 7.00 Uhr. Nichts! Alles dunkel, – dunkle Leere, überall, außen und innen; aber es gibt kein Außen und Innen.

Nach dem Meditationsseminar ist mein Arbeitsbereich anders als zuvor. Es ist wie es ist. Ist das der Grund aller Energie und Freude? Zwei Bekannte sagten unabhängig voneinander, daß ich mich verändert hätte. Sie meinten, meine Augen wären anders.

EB II,8

Wir gingen heute in den Park, eine Bekannte und ich. Diese Einheit der Natur, dieses Schöpfung-Sein und Da-Sein, dieses Erlebnis war sehr stark. Wir gingen eine Weile. Nach zehn Minuten blieb sie abrupt stehen und sagte: „Ich sehe wieder klar." Sie war sehr glücklich. Nach einiger Zeit blieb sie wieder stehen und sagte: „Das gibt es doch nicht. Immer wenn Sie mich besuchen, ist das so." Diese Reaktion kam noch zweimal. Bis zu diesem Zeitpunkt gab es scheinbar kein Ego und keine Gegenwart, nur Sein.

EB II,9

Heute fühlte ich mich besonders beobachtet von meinen Mitarbeitern. Ich erwähne das nur – es ist gleich, was sie denken. Wichtig ist nur, daß Gott Gott ist, daß ich Gott in mir Gott sein lasse. Nur dies eine, das ist alles.

EB II,10

Ob ich schreibe oder spreche oder Zwiebeln schneide oder zuhöre oder esse oder Eckehart lese oder meditierend sitze oder spazierengehe, es ist eins. Es ist so wie es ist. Es ist so einfach, so alltäglich. Ich weiß nicht, wie ich das sagen soll; alles ist Vertrauen – Liebe – Leben.

EB II,11

Heute machte ich einen Besuch. Ich fuhr ein langes Stück am Bahndamm entlang, der nicht schön ist. Heute war er wunderbar. Es strahlte alles so unbeschreiblich schön. Als ich dann am Grab meiner Eltern war, war so viel Freude, Freisein, Friede; ich weiß nicht, wie ich das sagen soll, es gibt keine Worte dafür.

EB II,12

Mit Eckehart habe ich zur Zeit meine helle Freude. Er ist auf einmal so klar und leicht zu verstehen. Kurz gesagt, er schmeckt mir sehr. Im Augenblick lese ich wieder die Traktate. Ob ich unter Menschen bin oder in meinem Zimmer sitze, spielt dabei keine Rolle.

EB II,13

Heute am Ende der hl. Messe war plötzlich Unbeschreibliches da, das ich Freude nenne. Ich erinnerte mich an Meister Eckehart, der sehr scharfe Worte hat für solche „Wonnen"; ich wollte es nicht beachten, aber es war stärker; so hatte ich es noch nicht erfahren. Bis gegen Mittag war es da. Ich war wie fragend und horchend. Beim Mittagessen wurde von einem Todesfall gesprochen. Ich konnte nicht bedauern. Ich fühlte nichts. Plötzlich war so klar, daß Leben und Sterben nicht zwei sind sondern eins. Ob ich lebe oder sterbe ist wie wenn ich Tee trinke. Gibt es das?

EB II,14

Ich wage das folgende kaum zu sagen: Es war heute, als gäbe es keinen Tod, – keinen Tod, nur Leben, Leben in Fülle. Ich merke, während ich das schreibe, teile ich, wo nichts zu teilen ist. Mit Worten läßt sich das nicht einfangen.

EB II,15

Schauen und Hören war heute wie eins. Es war kein Unterschied zwischen dem Wasser, dem Gras, den Vögeln, den Bäumen und mir. Es war, als wäre ich Wasser und Gras und Vögel und Baum. Gibt es das? Ich kann das nicht mit Worten sagen. Es ist so schwer.

EB II,16

Heute abend hatten wir Bibelgespräch über Markus 1,15. Die Gruppe war so anders, es gab viele leere Worte; ich sagte wenig, weil meine Gedanken so anders waren und nicht ankamen. Am Nachmittag war ich für die Firma unterwegs, – es war einfach alles so wie es ist. Es war eines nicht schöner und das andere weniger schön. Nein, es gab nichts wegzulassen oder hinzuzufügen. Abends war ich noch in der Eucharistiefeier und kam in der Bank neben einen älteren Herrn zu knien. Vom Sehen kannten wir uns und begrüßten uns immer in der Kirche. Nach der Messe gab er mir die Hand und sagte: „Ich freue mich so." Ich sagte: „Ich auch." Das war alles.

EB II,17

Heute zum Dreifaltigkeitssonntag begeisterte mich Eckehart mit der Predigt 22: „Gott ist Eins; dies ist der Seele Seligkeit und ihre Zier und ihre Ruhe." Eins – Eins – Eins.

EB II,18

Heute bei der Arbeit war so klar, daß es keinen fremden Menschen geben kann, weil jeder in Gott lebt, Ebenbild ist.

EB II,19

Heute am Fronleichnamsfest, beim Gottesdienst und bei der Prozession, – es war alles so wie es ist, die Vögel auf dem Kirchturm, die Bäume, die Wolken und die Menschen, es gab nichts Unterscheidendes. Nachmittags fuhr ich dann mit dem Auto zu meiner Schwester. Ja, die Erde ist der Himmel und der Himmel ist die Erde.

EB II,20

Heute früh beim Sitzen war plötzlich wieder das Wort von Eckehart da: „Gott ist Eins; dies ist der Seele Seligkeit und ihre Zier und ihre Ruhe." Unsagbare Freude löste es aus, Lachen und Weinen in einem. Ja, Gott ist Eins, Gott ist Gott; er kommt nicht, er geht nicht, er ist nicht einmal mehr da und einmal weniger, er ist nicht einmal näher und dann wieder fern, – nein, er ist in allen Dingen, er ist alle Dinge, er ist.

Gegen abend fuhr ich in die Stadt zum Empfang des Bußsakraments; als ich in der Kirche kniete, wollte ich Worte zur Danksagung finden, aber es gab keine Worte. Das Zeitgefühl war ganz verschwunden; als dann die Messe anfing, merkte ich, daß eine Stunde vergangen war.

Als ich dann heimfahren wollte, fuhr mir ein Zug davon. So wartete ich. Ich dachte, es ist gleich, ob ich hier sitze oder zu Hause. Ich setzte mich auf eine Bank. Es waren überall noch Plätze frei. Da kam ein älterer Herr und fragte mich, ob er sich neben mich setzen und mit mir sprechen dürfe. Er erzählte mir seine Leiden, seine Einsamkeit, sprach über Religion. Zwischendurch war er wieder eine Weile still. Er sagte auch: „Zu ihnen kann ich sprechen wie zu einem Priester, – wie gibt es das?" Er wunderte sich, daß er mir so viel erzählte. Als dann mein Zug kam, sagte er, er wäre noch gerne bei mir gesessen, aber er hoffe, daß er mich wieder einmal treffen würde.

EB II,21

Heute hatte ich in der Sparkasse zu tun, da war, – ja, was war? – es ist so schwer zu sagen, es gibt einfach nicht die richtigen Worte. Es ist alltäglich und nicht. Es ist alles wie es ist.

EB II,22

Seit gestern ist Freisein – Befreitsein, frei – frei – frei, – die Worte sind so blaß, es gibt keine Worte dafür. Alles ist neu. Ich erfahre das Befreitsein, als wären Mauern gesprengt worden. Ist das so?

EB II,23

Heute morgen machte ich verschiedene Behördengänge. Unterwegs war auf einmal alles so klar, daß Dreifaltigkeit, Dreieinigkeit alles ist, alltägliches Leben ist, mein Leben ist, auch das des Mandelbaumes im Garten und das Leben des Universums. Die Einheit in der Vielheit – die Vielheit in der Einheit. Seit langem war ich auf der Suche nach Büchern über Dreifaltigkeit, fand aber nicht, was ich suchte. Alles war theoretisierend, ich gab die Suche auf.

EB II,24

Manchmal, wenn ich beginnen möchte, noch in der alten Weise für jemanden zu beten, spüre ich, daß das nicht geht. Es ist alles schon da. Das ist so sicher und so klar. Früher habe ich meinen Willen durchgesetzt.

Es gibt nur Jetzt – nicht Vorher und nicht Nachher. Auch wenn ich Termine festlege, so gibt es doch kein Planen und Vereinbaren; es ist schwierig, dafür die richtigen Worte zu finden.

EB II,25

Heute war im Gottesdienst die Lesung von Galater 2,16–20: „Nicht ich lebe . . .“ Es ist das „Gott in mir Gott sein lassen“. Seit ein paar Tagen gibt es ein neues Hören, es ist anders als vorher. Ich kann es nicht beschreiben.

Mittags ging ich an den Fluß. Nichts Trennendes gibt es. Alles bewegt sich, weil es sich bewegt; das Wasser fließt, weil es fließt; auch meine Begleiterin und ich sind, weil wir da sind. Nicht fragen, nichts.

EB II,26

Seit zehn Tagen lese ich morgens und abends Eckeharts Predigt Nr. 6. Ich kann das nicht erklären, – ob ich Eckehart lese, oder koche, oder zu Messe gehe, oder mit den Kindern spreche, – es gibt keinen Unterschied. Wann wird der große Tod gestorben sein? Leben und Sterben, es ist wie es ist. Seit zwei Tagen habe ich einen Hexenschuß. Der Schmerz ist manchmal sehr stark. Und doch ist es so, als wäre es gleich, ob Schmerz oder nicht Schmerz. Es ist als wäre alles zurückgedrängt. Nur das „Gott in mir Gott sein lassen“ ist.

EB II,27

Ich fuhr in die Berge zum Wandern. Es war eigentlich nichts, und doch war alles anders als früher: die Berge, die Blumen, das Wasser, die Steine, die Bäume, die Tiere, die Menschen. Es war so sicher, es war so klar, daß alles das gleiche, das eine göttliche Leben in sich hat und ist.

EB II,28

In den letzten Tagen war gar nichts, was ich aufzeichnen könnte, – nur Schweigen, das mehr ist, als ich je gedacht habe. Heute Nacht wurde ich wach. Ich stand auf, – Schweigen – alles schweigt – alles.

EB II,29

Ich las den Satz von Eckehart: „Wo Gott ist, da ist er ganz." Diese Worte waren den ganzen Tag über da, nicht nur in meinem Kopf; es war so, als wären diese Worte in meinen Händen und Füßen, – im ganzen Leib.

EB II,30

Heute ist Erntedankfest, – ich ging in die Frühmesse. Vor dem Altar waren die Gaben der Schöpfung ausgebreitet: Weizen, Äpfel, Kürbis, Tomaten, Hopfen, Weintrauben, Kraut, Kartoffeln. Während der Predigt fiel mein Blick auf die Früchte; da war es, als gäbe es nicht vielerlei, – nur Eins – es war nichts dazwischen – es war kein Unterschied. Gab es nur Schöpfung? Eine unheimliche Freude war da. Ich saß dann bis Mittag, – ohne Dank – ohne Gefühl – ohne Staunen – ohne Warum.

EB II,31

Regen ist Regen – Rose ist Rose – Rechnen ist Rechnen – Gott ist alles – Gott ist nichts. Das ist es.

EB II,32

Während der Eucharistiefeier mußte ich plötzlich so lachen, daß mir die Tränen kamen und ich fast weggehen mußte, – Freude, nur Freude – gleichzeitig standen meine Sünden vor mir – und ich war ganz ruhig. Diese weite Ruhe war während der Eucharistie stärker. Vielleicht sollte ich diese Erfahrung „Nichts“ nennen, ein lebendiges Nichts, nicht negativ, – es ist Nichts und ist doch.

EB II,33

Kann es sein, daß auch meine Gefühle anders sind, irgendwie zurückgenommen, aber auch wieder stärker?

Außer dem Stundengebet gibt es kein mündliches Gebet mehr. Nur manchmal: „Bitte verzeih!“ und „Ich gehöre Dir“.

Bin ich noch auf dem Weg, den Gott mich führen will? Aber den Weg gibt es nur im Gedanklichen, im Vorschauen und Rückschauen. Sonst gibt es doch nur das Jetzt, das Heute, die Minute, und das ist so wichtig, so wesentlich geworden; es ist, als gäbe es nur diesen Tag und diese Stunde.

Die Eucharistiefeier ist wieder auf ganz neue Weise zum Mittelpunkt meines Lebens geworden; auch die Gelübde: Armut, Gehorsam, Keuschheit sind mit neuem Leben erfüllt.

EB II,34

Heute gab es wieder eine Situation, wo ich wieder festhalten, wo ich nicht ganz geben wollte, – Schmerz. Es ist noch nicht alles gegeben, es ist noch nicht gestorben.

EB II,35

Heute ist es, als wäre ich abgetrennt vom Leben, – Schmerz. Die Abgeschiedenheit verstärkt sich.

EB II,36

Heute ist es, als wäre vor mir nichts und hinter mir nichts. Ich möchte mich festhalten, es ist nichts da. Nicht einmal Psalmworte sind ein Trost: „Und muß ich auch wandern in dunkler Schlucht . . .“ Sie sind wie leere Hülsen.

Es ist noch nicht alles gegeben, es ist noch nicht gestorben, – ist das der Schmerz?

Schmerz überall, – ich spüre, daß das Ego die Führung nicht lassen will. Ich möchte doch alles lassen.

EB II,37

Heute Nacht, nach zwei Stunden Schlaf, war ich hellwach und „O“ war da. Es war, als wäre „O“ jede Faser meines Leibes. Ich habe bis 4.00 Uhr gesessen, tiefe, tiefe Ruhe, – nur „O“. Der Tag war befreiende Freude.

EB II,38

Nichts ist zufällig. Heute wurde mir die Geschichte vom reichen Jüngling so klar. Wenn es heißt: „Verkaufe alles . . .“, so bedeutet das auch, alles Erwarten, Suchen, Sehnen und Wünschen verkaufen. Solange etwas zurückgehalten wird, hält auch Gott zurück. Alles für alles.

EB II,39

Heute war während des Tages das Pauluswort da: „Es genügt dir meine Gnade.“ Die Kraft wird in der Schwachheit vollendet. Es wird wohl nie genug gelassen sein. Es gibt kein Bitten und Beten; ich möchte bereit sein, nur sein.

EB II,40

Beim Allerseelengedenken wurden Texte aus der hl. Schrift gesprochen. Auf einmal war der Satz Eckeharts da: „Der Tod hat kein Sein und ist kein Seiendes.“ Er gab mir solche Sicherheit und Ruhe.

EB II,41

„Alles ist Weg.“ Das ist die Wahrheit, – es geht mir durch alle Knochen. „Jetzt frißt der Löwe Stroh“, – jetzt ist die Endzeit – Epiphanie.

EB II,42

Heute kam eine Frau zu mir und erzählte mir, daß ihre Mutter ohne Bewußtsein ist. Ich versuchte ein paar Worte des Trostes. Und es war, wie wenn ihr Schmerz mein Schmerz wäre.

EB II,43

Ich habe bis Mittag gesessen. Dann war Johannes 3,16 wie eine Weisung in mir: „Fürchte dich nicht, werde Sohn!“ Mein Verstand möchte viele Fragezeichen dahinter setzen. Am Abend empfing ich das Bußsakrament. Alles ist in Gott – auch die Sünde. Auf dem Heimweg, – die Vögel sangen in allen Tonlagen – Freude, es war, als sängen sie nur für uns. Dann, auf einmal, waren die vielen Töne wie ein Ton. Dann Glück zum Zerspringen – Schweigen – Liebe – Vertrauen.

EB II,44

Eckehart: „Was ist mein Leben? Was von innen her aus sich selbst bewegt wird.“ Was ist Leben? Gottes Sein ist mein Leben. Ist mein Leben Gottes Sein, so muß Gottes Sein mein sein und Gottes Wesenheit meine Wesenheit, nicht weniger und nicht mehr. Dies bewegt mich – und es bewegt mich nicht, – Staunen – Leben – Sein.

ERFAHRUNGSBERICHT III

EB III,1

Den ganzen Tag habe ich in einer bisher noch nie empfundenen Dichte erlebt. Das Schweigen leuchtet, und das Licht schweigt. Heute habe ich wirklich von Seinem Brot gegessen. Ich sitze im Mittelgang, die vielen Füße treten an mir vorbei. Seine Kraft ist in mir. Meine Hand will die Füße angreifen, die alle vom gleichen Brot essen. Ich habe nicht gewußt, daß ich so viele Füße habe.

EB III,2

Einfach ein Wunder, wunderbar einfach: im Meditationsraum gibt es Äpfel und Essiggurken zu kaufen, und im Obstgeschäft ist „Sitzen“, nur „Sitzen“, einfach so, so einfach.

EB III,3

Er soll ganz aus Ihm reden, und wir alle sollen ganz in Ihn hineinhorchen. Wenn das wirklich so ist, ist es ganz gleich, ob er redet oder schweigt. Dann ist innen außen und außen innen.

EB III,4

Ich treffe ihn, wenn er gestorben ist, in jeder Handlung.

EB III,5

Sein Gesicht ist das Gesicht aller Menschen. Das Gesicht von allem, was war, was sein wird, von allem Leid, von aller Freude, von aller Krankheit, von jeder Blüte, jedem Stern.

EB III,6

Das Ticken der Uhr – war's morgen? ist es gestern? Horch: Tick Tack, Tick Tack.

EB III,7

Im Föhn gibt es wirklich nur das eine: fest den Hut halten.

EB III,8

He, Eintagsfliege, du lebst doch genau so lang wie ich.

EB III,9

Im Morgennebel – am steigenden Flußufer die weiße Stille.

EB III,10

Dreimal habe ich mich vor dem klaren Bergbach bis zum Boden verneigt.

EB III,11

Wie schön, daß die Menschen den gleichen Tee so verschieden trinken: aus Trinkflasche, Thermosflasche, Porzellantasse, Blechtopf.

EB III,12

In einem Brief kam ein blauer Bergenzian, ohne alle Worte.

EB III,13

Der Tee ist getrunken, die Tasse abgewaschen. Sie steht wieder im Schrank, da, wo sie am Anfang war.

EB III,14

Die kleine Amsel singt am lichten Abend das Meeresrauschen.

EB III,15

Als ich heute zum Metzger ging und die vielen Leute sah und den Hund, der über die Straße lief, da war nur noch Liebe. Aber Liebe ohne Gefühl, etwas, das sich nicht ausdrücken läßt. Statt „Liebe“ könnte ich genauso gut „Sein“ sagen. Und als ich der verzweifelten Frau gegenübersaß, deren Mann gestorben war, da war ich diese Frau und das abgrundtiefe Leid.

ERFAHRUNGSBERICHT IV

EB IV,1

Worte führen nur vom Wesentlichen weg. Wie kann ich die letzten Tage wenigstens andeutungsweise sichtbar werden lassen?

Der Ausgangspunkt am Karsamstag: ein Eingeschmolzenwerden, ohne daß mir die Tragweite bewußt wurde.

Während einer Meditationssitzung: eine kindliche Heiterkeit, auch beim Kaffeetrinken. Bei einem eiligen Spaziergang: eine stille Freude, die sich immer mehr ausbreitete. Alles begrüßte mich immer freudiger, bis endlich alles jubelte: „Heimgekommen!“ – die Blumen, das Laub, der Weg, der glitzernde Teich, der Schlamm, die Telegraphenmasten. Ein Mann in der Ferne hob mit Schwung eine Hacke. Ich wollte ihm zurufen: „Ja, genau das ist es!“ Ich sah in den Himmel, in die Sonne und mußte lachen. Aus der Tiefe quoll es, und alles lachte, war ein großes, gewaltiges Lachen.

EB IV,2

Am Abend im Klostergarten: Die dunkle Luft quoll über von Leben. Ich berührte den Ast eines Baumes. Tiefe gegenseitige Dankbarkeit. Ich blickte um mich. Als Wasser strömte ich aus dem Brunnen, als Licht aus dem Fenster. Das Weltall atmete in mir.

EB IV,3

Am nächsten Tag: „Erfüllt sind Himmel und Erde von Deiner Herrlichkeit!“ Wie wahr! Wie zutiefst wahr! Und das: Kindschaft! Ich bin total Kind, bin neu geboren und bin schon immer. Wenn ein Wort in mir wesenhaft strömt, dann ist es: Vater. Noch mehr Worte machen? Vielleicht noch dieses: In dieser Verbundenheit ist jede Geste, alles Tun Gebet, ein „geheiligt werde Dein Name“.

EB IV,4

Beim Frühstück stieg in mir ein großes Lachen hoch. Nur mit Mühe konnte ich es bändigen. Alles strömt in den letzten Tagen aus einer Fülle, die sich nicht beschreiben läßt. Und diese Fülle ist in mir, ist alles, was mich umgibt, ist eins. Alles rollt so selbstverständlich aus sich selber. Und dann dieses Einssein mit den Menschen, wenn wir auch vom Äußeren gesehen wenig gemeinsam haben. „Alles fließt." Alles strömt aus einer und in einer unglaublichen Fülle.

EB IV,5

Am Bahnhof angekommen, lernte ich ein junges Mädchen kennen. Sie war blind, mit verwachsenen Händen und Füßen. Wir gingen gemeinsam Kaffee trinken und kauften dann ein. Sie wie auch ein Kind, das letzthin vor mir zur Kommunion ging und unter unkontrollierbaren Zuckungen litt, sind ganze, vollkommene Menschen. Ich will dies nicht weiter ausdeuten.

ERFAHRUNGSBERICHT V

EB V,1

Ich war ein ausgeflippter junger Mann, der durch einen schweren Verkehrsunfall ordentlich verunsichert war in bezug auf Leben und Lebenssinn, mit Ketten und Ohrringen behangen und rot gefärbtem Haar.

EB V,2

An jenem Abend, ich weiß weder Tag noch Monat genau, war ich zusammen mit meiner Schwester und meinem Freund. Nach stundenlangem Philosophieren und Diskutieren hatte ich auf einmal das Bewußtsein: Jetzt bin ich in dem

Raum, wo die Gedanken ihren Ursprung haben. Und dann brach Es herein. Hier stoße ich auf die Grenzen der Sprache. Nenne ich es Licht, das strahlt wie der Klang einer silbernen Glocke, es trifft es nicht. Es, das sich aus sich heraus verschenkt, verstrahlt, – aus allem, auch aus dem seit zwei Tagen nicht entleerten Aschenbecher, aus dem Dreck am Boden und der Wand, – überall. Kein Unterschied mehr zwischen Außen und Innen, zwischen dem, was um mich herum geschah, und mir. Wie lange? Keine Ahnung! Eine Minute – eine Ewigkeit – es ist dasselbe.

EB V,3

Was mir jetzt noch auffällt: Ich bin kerzengerade gesessen. Was ich zu jener Zeit nie tat, sonst wäre es mir früher aufgefallen. Ich hatte damals keine Ahnung von der Bedeutung eines aufrechten Rückgrates.

EB V,4

Nach dem Erlebnis nahm ich als erstes meine Ohrringe, Armreife und Ketten ab; ich brauchte sie nicht mehr. Ich wollte ich selber sein. Dann das Bewußtsein, das alles erschütterte: Gott war hier, hat sich mir gezeigt, geoffenbart.

ERFAHRUNGSBERICHT VI

EB VI,1

„Ich bin der Weg . . .“ – Ja, der Weg, der mitten durch mich, durch alle hindurchgeht. Ich bin der Weg – der Weg ist in mir. Ich lebe in Ihm, Er zieht mich immer tiefer in sich hinein.

EB VI,2

Ich muß mir keinen Führer irgendwo außerhalb suchen. Er ist immer da. Er läßt mich Seine Stimme erkennen im Echo, das dem Blinden von allen Dingen zurückgeworfen wird. Er lehrt mich, mit Seinen Augen zu sehen, mit Seinem Herzen zu erfassen, zu unterscheiden, zu lieben. Aber Er fordert Schweigen, Lauschen, das Eigenmaß der Schritte aufgeben. Immer wieder werde ich mich an Hindernissen schmerzhaft stoßen. Aber in meinen Tränen glänzt Sein Licht. Denn auch die Hindernisse lassen Ihn erkennen.

EB VI,3

„Meine Seele dürstet allezeit nach Gott . . .“ – Dürstet sie wirklich? – Der Psalm ist mir seit Tagen in den Ohren. Eines weiß ich ganz sicher, ich habe brennenden Durst nach diesem Durst. Und gerade in diesem Durst nach dem Durst meiner Seele bin ich in Ihm. Es ist Seine Stimme, die nach meinem Durst ruft. Mit Ihm, in Ihm rufe ich nach meinem Durst: mein Leitwort „Ja“ zu sagen, „Ja“ zu sein, im „Ja“ Gottes zu mir selbst zu finden.

EB VI,4

Er ist nicht zu begreifen, nicht in Bildern, nicht in Begriffen. Und ich will es gar nicht versuchen, Ihn zu erfassen. Aber immer neu werden die Vor-Stellungen durchsichtig auf Ihn hin, Gleichnisse. Er ist hinter und in den schwingenden Saiten all Seiner Instrumente. Und alle Instrumente sind eins. Ein einziger Resonanzkörper sind wir in Ihm. Er hat die Saiten aufeinander abgestimmt, daß sie in Harmonie miteinander tönen, Ihn bezeugend.

EB VI,5

„Ich bin das Licht der Welt . . .“ – „Ihr seid das Licht der Welt . . .“ Wenn ich ganz durchtränkt, durchflutet bin von Ihm, dann gehören beide Aussagen vom Licht zusammen.

„Kostet und seht, wie gut der Herr ist . . .“ – Welch eine Einladung: Gott schmecken, Gott genießen, verkosten! Und was kostet uns dieser Genuß, um welchen Preis läßt sich Gott schmecken? Es ist wie bei jeder Kostprobe: Ich muß mich erst leer machen von hindernden Geschmacksstoffen. So wie der Weinprüfer seinen Mund vorher mit Wasser ausspült. Ich muß mich einstellen auf dieses Verkosten, unvoreingenommen, nicht auf einen von mir festgelegten Geschmack warten.

EB VI,6

Nach zwei Tagen intensiven Sitzens bricht die Frage auf: Warum hältst du dich auf bei der brennenden Sehnsucht? Warum läßt du dich nicht einfach hineinfallen? Tu's doch! Durst ist notwendig, aber Er, die Quelle, ist doch da. Trink doch! Warum die große Ehrfurcht, die so viel Abstand schafft? Er will sie nicht. Das Brot, das zum Essen da ist, in der Monstranz zur Verehrung „aussetzen“? Er will das nicht. Und so lasse ich mich fallen. Und ich falle in ein fast besinnungsloses Einssein. Das Dunkel, in das ich bisher schaute, wird tief dunkel vor Helligkeit.

EB VI,7

„Das ist mein Leib.“ – „. . . Und so prüfe sich der Mensch . . ., da er den Leib des Herrn nicht unterscheidet.“ Unterscheiden wovon? Ist nicht alles Christusleib? Es ist doch ein Leib, ein Gegenwärtigsein. Was geschieht bei der Wandlung? Verwandlung von Materie in etwas, das sie schon immer war? Eine neue Form des Seins? Oder aber die Vergegenwärtigung, das Bewußtmachen der Wirklichkeit, der Wahrheit, der schon realen Gegenwart Gottes? Die Hostie: „der Leib Christi." Amen. Ich sage es mit ganzem „Ja". Aber auch der Bruder, die „normale" Scheibe Brot: „der Leib Christi." Amen.

EB VI,8

Ich sitze einfach und lasse Gott – durch mich – sich selbst anschauen in mir.

EB VI,9

Gebet ist Selbstgespräch: Gottes Selbstgespräch.

EB VI,10

Er hat meine Augen, meine Ohren, meine Poren verwandelt. Die Dunkelheit ist voller Wärme geworden, das Schweigen zärtlich, das „Ja" alles umgreifend.

Wind und Wasser, das Gras, der Käfer, der Mensch, alles ist Sein schweigend sprechendes Gesicht. Alles ist „Ja", alles ist „Amen".

EB VI,11

Ist das eine Wüste, in der Er mich leben heißt! Da weiß der Verstand nichts mehr, da ist kein vorgetretener Pfad. Ein ausgelaugter Leib versucht das Not-wendige dieses einen jetzigen Schrittes. Es ist wie austrocknende Hitze, die von Minute zu Minute mein „Ja" in sich hineinsaugt.

Nur dieses armselige, immer neu geantwortete „Ja“ ist noch da, das ich bin. Mehr weiß ich nicht, mehr habe ich nicht. Aber es ist alles, weil es das „Ja“ Seines Geistes ist.

EB VI,12

Früher hat die Seele bei Trockenheit einen Brunnen gesucht. Warum tut sie es jetzt nicht? Es ist absurd geworden. Sollte der Brunnen einen Brunnen suchen, nur weil sein Rand, von der Hitze ausgetrocknet, das Wasser der Tiefe nicht spürt? Er wird, wenn es an der Zeit ist, einen Durstigen herfinden lassen, der beim Schöpfen etwas Wasser verschüttet, so daß auch der Rand des Brunnens wieder empfindet, was sein Inneres birgt.

EB VI,13

Versenkung ist wahr nehmen und wahrnehmen, daß Vordergrund und Hintergrund nicht getrennt sind im Sein. Daß vielmehr der Vordergrund im Hintergrund liegt und der Hintergrund sich in der Weise des Vordergrundes aussagt.

EB VI,14

Er hat mich zu einem brennenden Dornbusch gemacht. Alle meine Fasern hat Er erfaßt, hineingezogen in mein innerstes Innen, hineingezogen in Sein glühendes Sein. Das trockene Gestrüpp wurde eins mit der lebendigen Flamme und verbrannte doch nicht. Die Glut hat den Durst verschlungen für die Zeit des Einswissens im Feuer.

EB VI,15

Wandlung: Fortsetzung der Menschwerdung Gottes – „Das ist mein Fleisch, das ist mein Blut“ – Er will Gestalt annehmen in uns. Er will Seine Menschwerdung fortsetzen. Kommunion: es ist, als gäbe es keine Schwerkraft mehr.

EB VI,16

Laß los, setz dich aus, tauche ein! – Ort dafür ist für manchen eine Klause, ein Stück Wüste, eine Höhle. Er hat mir diesen Ort hier angewiesen. Meine Zelle ist hier, die paar Quadratmeter um mich herum, – diese Familie. Hier ist der Auftrag zum Armwerden in der Versuchung zum Habenwollen. Hier ist die Möglichkeit zum Dienen. Ich liebe diesen Platz hier. Ich muß die Liebe nicht irgendwo anders suchen. Sie will sich hier vollziehen.

EB VI,17

Heute wurde mir unverblümt erklärt: Wir seien ziemlich verrückt. Ein seltsames Ehepaar. Unsere Einstellung zur Umwelt, die Vorrangstellung, die das Notwendige bei uns hat, die Liebe zur Kirche. Der Verrückte lebt von einer Einbildung. Ja, wir leben im wahrsten Sinne von einer Einbildung. Aus dem heraus, was uns eingebildet ist. Aus Ihm heraus, der sich uns eingebildet hat.

EB VI,18

Das Leitwort „Ja“ hat sich zum „A“ reduziert. Das „A“ ist bildlos, gestaltlos – und ist doch alles. Es ist lautlos – und ist doch Fülle des Aussagbaren.

EB VI,19

Seit langem versuche ich, ein persönliches Gebet mit Wörtern zu bilden. Es gelingt einfach nicht. Es ist wie Klopfen an Türen, die es gar nicht gibt.

EB VI,20

Wo ich Ihm auch immer begegne, wie und in wem ich Ihm begegne, – es ist eine Begegnung ohne Gegenüber. Nachfolge Christi: die Einheit dar-leben.

EB VI,21

Die Lampe des Meditationsraumes wirft meinen Schatten vor mich auf den Boden. Der Schatten selbst ist dunkel, die Umrisse des Schattens strahlen. Das Ganze vor mir auf dem Boden ist kein von mir abgegrenztes Gegenüber. Der Schatten und ich sind eins. Wäre der Schatten nicht, wäre auch ich nicht. Wäre ich nicht, wäre auch Gott nicht. Die Wahrheit ist einfach.

EB VI,22

„Es“ betet ohne Gefühl, ohne Vorstellung, ohne Wissen. Dieser mein konkreter Leib ist eine Pore am Leib Gottes.

EB VI,23

Man kann Sakramente definieren und von Nichtsakramenten unterscheiden. Das ganze Denkgebäude der Theologen ist für mich zusammengefallen. Jeder Gedanke, jedes Wort, jedes Tun ist Sakrament, jedes Ereignis, jedes Nicht-Ereignis ist Sakrament. Alles ist göttliches Leben, offenbar gemacht durch Jesus Christus. Wer kann jemandem ein Sakrament spenden? Alle haben den Auftrag, sich gegenseitig als Sakrament für den anderen wirksam werden zu lassen.

EB VI,24

Die einen sagen: Gott ist personal. Die andern sagen: Gott ist apersonal. Warum streiten? Haben sie nicht beide recht?

Schließt denn das eine das andere aus? Wenn es so etwas wie Person gibt, dann ist Gott Person. Wenn es Apersonales gibt, dann ist Gott apersonal; denn alles ist in Gott, alles ist gewirkt im Wirkenden.

EB VI,25

„Ich bin die offene Tür." – Ist da Ein- und Ausgehen? Ich bin draußen nicht weniger innen als drinnen. Unbegreiflich.

ERFAHRUNGSBERICHT VII

EB VII,1

Ich kann mich auf mein Leitwort konzentrieren und spüre, wie es sich verdichtet. Es ist mehr als nur ein gewöhnliches Wort, das sich in meinem Mund bildet. Es ist wie ein Wirbelwind, der zu einem starken Gebilde wird, obwohl er vorher nur stehende Luft war.

EB VII,2

Mich schmerzen zwar die Beine, doch das Wort ist zu stark, um mich bei den Schmerzen traurig werden zu lassen. Es macht mich vielmehr fröhlich und stark, denn es ist stark. Ich wundere mich überhaupt nicht, daß das „Wort" zu „Fleisch" wurde. Ich ahne, daß es noch viel mehr kann.

EB VII,3

Dann beim Essen ist die Freude noch ganz bei mir, oder ist es das Wort oder das Licht? Es ist alles eins. Das Essen ist dann so voll von dem Wort wie ich es selber bin. Tausendfach ist das Wort im Essen und in mir. Und es ist alles hell, alles Licht, das Essen, alles um mich, alles in mir.

EB VII,4

Das Essen ist so stark wie das Wort, ist so lebendig und so hell wie dieses, es ist das Wort.

EB VII,5

Und ich wundere mich, daß es Hostien gibt, als „Leib Christi", wenn in jedem Bissen so viel Licht und so viel Kraft ist. Dann kann ja jeder Bissen, jeder Tropfen Wasser, diese ganze Welt um mich herum so stark und so hell werden, wenn ich alles in mich hineinlasse und aus mir heraus. Dann ist ja dieses Geschenk, das Christus uns mit seinem „Leib" als „Speise" und seinem „Blut" als „Trank" gegeben hat, etwas ganz Einfaches, Schlichtes. Es ist das Versprechen, daß alles so wird wie diese kleinen Scheiben Brot in einer schönen Schale: Licht und Kraft.

ERFAHRUNGSBERICHT VIII

EB VIII,1

Ich war die dritte Woche auf einem intensiven Meditationskurs. Eigentlich war alles nur noch Übung. Wie jeden Tag ging ich allein im angrenzenden Wald spazieren. Ich ging aufmerksam, ohne viele Gedanken. Plötzlich kam es mit großer Gewalt über mich. Ich war ein Bekannter und der Bekannte war ich. Ich war jeder Baum und jeder Baum war ich. Jeder Stein, jedes Gras, jede Blume, der Himmel, alles war ich und ich war alles. Und alles war Licht. Ich war erfüllt von unendlicher Liebe. Ich war Liebe und verströmte sie.

EB VIII,2

Diese Erfahrung war nicht sanft, sondern eine Überwältigung, gefolgt von starken Herzschmerzen. Diese hielten auch weiter an, wie überhaupt Freude wie Schmerz noch einige Monate an der Grenze des für mich Erträglichen blieben. Als dieser augenblickliche Zustand vorbei war und Liebe, Friede und Schmerz blieben, da war ich gewandelt. Augen und Ohren, Tast-, Geruchs- und Geschmackssinn erlebten eine Veränderung ihrer bisherigen Wahrnehmungskapazität. Ich erfuhr einen nahezu schwerelosen Zustand. Nichts war mehr so wie es vorher war: Menschen, Dinge, Natur strahlten Unendlichkeit, Licht und Leben.

EB VIII,3

Einige Wochen konnte ich keine Nacht schlafen, nahm jedes Geräusch im Haus wahr. Und doch war jede Nacht wie eine halbe Stunde, wenn überhaupt. Tag und Nacht war eins. Beten war Dasein. Ich fühlte mich wie ein offenes Gefäß ohne Boden und ohne Wände. Nur Liebe war da: zu allem Leben hin und mit allem Leben verbunden – in gleicher Weise.

EB VIII,4

Nicht nur in meinem „Herzen" war Liebe, auch wenn mir das Herz organisch noch mehr weh tat als der übrige Körper; nicht nur in meinem Kopf, den ich am liebsten an die Wand geschlagen hätte, weil der Verstand das einfach nicht begreifen und in Worte fassen konnte; mein ganzer Körper war Liebe, und ich habe mich so bis in die Finger- und Zehenspitzen hinein schmerzlich und glücklich erfahren. Das, was vorher Ich war, das war für eine Zeit nicht mehr.

EB VIII,5

Ich habe viele Äußerungen von Liebe in meinem Leben erfahren dürfen. Trotzdem hat diese Erfahrung jede vorausgegangene sowie nachfolgende Erfahrung von Liebe überstiegen. Ich wußte in dem Augenblick, was Liebe ist. Es war nicht die Erfahrung eines Teilaspektes von Liebe in besonderem Maße, wie die Liebe zwischen Mann und Frau, zwischen Mutter und Kind, Nächsten- oder Feindesliebe, Naturliebe, obwohl auch jeder einzelne Aspekt für sich ganz da war, sondern es war die Liebe, die alle einzelnen Aspekte einschließt und doch alle zusammengenommen übersteigt. Meine Dankbarkeit war grenzenlos, daß ich leben darf, um dies zu erfahren.